寄り添うことのむずかしさ

こころの援助と「共感」の壁

祖父江典人・細澤 仁 編著

木立の文庫

Challenges to be considerate of client's feelings

A barrier of psychological support and empathy

まえがき

私と共同編者である祖父江はそれぞれ、臨床観と臨床実践の両面で相当に異なった考えを持っています。

しかしそこには数少ない共通点もあります。それは、心理臨床実践において徹底的にリアリストであるという点です。私たちは、患者・クライアントの〝役に立つ〟臨床を重視しています。それは姿としては**純粋**というより**雑多**となります。そして私たちは〝役に立つ〟という観点から、心理臨床における「常識」を問い直し続けています。

日本の心理臨床において《共感》はア・プリオリに「良いもの」とされています。心理臨床家の教育・事例検討会、そして心理臨床家の内省において、患者・クライアントに「共感できているか／できていないか」ということが問題となりがちです。

しかし、自己と他者のあいだに《共感》は可能なのでしょうか？　自己と他者のあいだには深淵が存在しています。そこに架橋することができると考えるとしたら、それはあまりにも素朴な楽観でしょう。あるいは、心理臨床家が「自分は患者・クライアントのこころに共感できる」と考えているとしたら、それは傲慢と言ってよいでしょう。私たちがみずからの限界に誠実である限り、共感は**不可能な事態**と認めざるを得ないでしょう。

しかし、それでもなお《共感》には一定の価値があります。

心理臨床家が患者・クライアントのこころに共感することは不可能なのですが、その一方で、患者・クライアントが心理臨床家に「共感された」と体験することは可能です。それは、患者・クライアントの誤解ではありません。いえ、誤解であったとしても、そこには心的な現実があります。そして、その「共感体験」が、心理療法プロセスにポジティブな影響を与えるのです。

心理臨床家が、「共感が大切」という言説を無反省に肯定してしまうと、《共感》という概念は臨床上の有用性を失ってしまいます。共感は技法ではありません。しかし、心理療法**プロセスを動かす何か**です。共感が臨床に〝役に立つ〟概念となるためには、〈共感概念〉についてさまざまに検討することが必要となります。それは正しい共感概念を確立することではなく、共感概念の周囲に多様な意味の層を形成することです。むしろ、共感概念を**多義的にする**ことが大切であり、そのことを通して、共感が臨床的有用性を獲得することができると私たちは信じています。

本書は、私たち個々の心理臨床家の共感概念を**より豊かにする**ことを欲望しています。

それを目指して、本書は二部構成となっています。前半の【実践編】は主として若手心理臨床家が執筆し、日常臨床のなかで「多様な現場における共感」を問い直しています。後半の【論考編】は主として中堅・ベテラン心理臨床家が執筆し、「共感概念の本質」を問い直しています。さらには、祖父江、成田先生、そして私が《共感》についてのも、の、想、い、を記すことで、〈共感概念〉に揺らぎを与えています。

初心の読者には、本書はひとつのガイドブックとなるでしょう。中堅の読者には、本書は自身の〈共感概念〉を見直し深めてゆくことに有用なヒントとなるでしょう。

目次

実践編　寄り添うことの「壁」

論考編

共感のむずかしさ

序章

共感しようもない――薄っぺらな者どうしの共感論

祖父江典人

はじめに――美しい理想と裏腹の暴虐

時として美しい言葉には、恐ろしい暴力性が潜んでいます。たとえば「自由・平等・博愛」などの言葉を前にして、私たちは抗う言葉を持ちません。それらと同類の言葉で、もし人権を盾にとって責められた場合、お互いに話し合って「このくらいで収めよう」とは、なかなかならないでしょう。人権は絶対善の性質を有し、妥協を許しません。

昨今では、グローバリズム、カーボン・ニュートラル、ＳＤＧｓなども、それに類したところがあります。マスコミの有無を言わさぬ一方的な喧伝によって、私たちはそれらの言葉に「絶対善」の思想を植え込まれます。私たちは、絶対善を前にしては、抗弁する力を持ちません。

驚くべきことに、昨今アメリカでは、ＢＬＭ *Black Lives Matter* 運動に引き続き、ＷＯＫＥ（目覚めよ）運動が巻き起こり、過去の時代の価値観に容赦ない糾弾が向けられています。たとえば、奴隷制に携わった大統領として、アメリカ初代米大統領のジョージ・ワシントンや第三代大統領のトーマス・ジェファーソンらの銅像は、オレゴン州において引きずり降ろされました。これら白人至上主義に対するプロテストには、一聴に値する理があるとしても、単純に言ってやりすぎでしょう。

そんなことを言ったら、コロンブスの「新大陸」発見とともに、自由の国の御旗（みはた）の下（もと）、原住民を皆殺しにしながら西部を開拓していった黒歴史にまで遡らねばなりません。現代の価値観からすれば、過去は悪事に満ちています。が、そもそも現代においてすら、きれいな装いこそ纏っているものの、人間性というものから、獣性（けもの）は逃れられるものではありません。私は、こうした社会正義を振りかざした運動や風潮に、違和感というか、薄っぺらさを感じざるを得ません。

ところで、私たち人間が、理性や正義によって邪（よこしま）な本性から逃れられないのは、精神分析がつとに説いてきたところです。創始者フロイトは、私たちのこころの闇として、近親姦の欲望をあぶりだしました。メラニー・クラインは、愛してくれないなら殺してやるといったストーカー心性を白日の下に晒しました。そうではありますが、精神分析の叡智が示すのは、私たちはみずからの邪さを認識することによって、逆にみずからをわきまえ、多少なりともマシな人生を生きることも可能になる、ということです。

私たちがみずからの本性を「絶対善」としたとき、その善の御旗の下、私たちの本性の恐ろしさが逆に牙を剝くことを、歴史は教えてくれています。冒頭に述べた「自由・平等・博愛」は言うまでもなく、王制を倒したフランス革命のスローガンです。ですが、その美名の下に、何万もの首がギロチンによって刎ねられているのです。しかも、それを主導したジャコバン党のロベスピエールは、邪悪さとは対極的な人で、理想社会の実現を目指して、賄賂も受け取らぬ清貧の輩だったと言われます。「絶対善」の正義感から、人間はかくも残酷な所業をためらいもなく行うことができるのです。

日本においても、もちろん例外ではありません。一九七〇年代には、清廉な思想が残酷な所業を招いたこととして、日本赤軍による浅間山荘事件が思い起こされるところでしょう。貧富の差のない平等な社会を目指した共産主義思想が、逆にその正義感の超越性によって、仲間内の凄惨なリンチ殺人に終わったのです。同志である女性が、女心として身なりを気にしたことに対して、ブルジョア思想に染まっているとして、粛清されたのです。

私は、いささか極端なことを述べ立てているのかもしれません。ですが、これら正義感や理想主義の名の下の残虐さには、ある共通点があるように思われるのです。それは、「美しいイデオロギーが超越項で、こころで感じ取られ、考えられたものは、価値を持たない」ということです。正義や理想の立派さとは裏腹に、こころのはたらきは矮小化されるのです。

今日の社会も、人としての「本音」の部分がとても糾弾される時代が訪れているように思われます。SNS上では連日のように、有名人や政治家の不用意な発言が俎上に載せられ、正論によってコテンパンに制裁を食らわされています。「薄っぺらな正論」が、大手を振っているのです。

共感しようもないな――その一

心理臨床・援助現場①

昨今、現代社会の写し鏡でしょうか、「こころが正義や正論で覆われた」クライエントが目立つような印象を受けます。彼らは、世のなかの不条理に対して、正論を吐きます。いわく、「困っている人がいれば、助けるのが当然だ」「人の気持を考えずにモノを言うのはおかしい」、さらに進んで「わたしが困っているんだから、助けないのはおかしい」「友達ならどれだけでも話を聞いてくれるものだ」となると、ン？と首を傾げたくもなります。挙句の果てには、「夫が共感不足だから、発達障害だ。夫の治療をしてほしい」まで来ると、もはや独りよがりが上回ってしまい、正論の暴走でしょう。

こうした人たちに共通しているのは、「世界（人間）はこうあるべきだ」という理想なのです。こうあるべきという理想が絶対善と化すと、他者や現実が「許すべからざる悪」と映り、性急な断罪が下されようとします。つまり、先に挙げた理想主義の暴虐と同型の陥穽に陥るのです。

もちろん、理想を持つことがいけないことなのではありません。理想を持たなかったら、人に進歩や向上は生まれないでしょう。しかし、「現実はそうはうまくいかないよな……」ということなのです。そのあたりの現実感覚が薄い人が多くなってきているように思われます。現実感覚の裏打ちのない理想主義ほど、恐ろしいものはないでしょう。

私は、これらの薄っぺらな主張を聞くたびに、〝共感しようもないな〟という想いが禁じえません。

共感しようもないな——その二

心理臨床・援助現場②

私たち臨床家や援助者が、クライエントや利用者に対して「援助心」をもって面接に臨もうとするのは、多かれ少なかれ普通のこころ構えです。ですが、だからといって、常に援助心で満たされているわけではありません。時には、内心怒りが沸々と湧いたり、うんざり感で嫌気が差したりする時もあります。

それなのに、援助現場や医療現場には、クライエントや患者に対して嫌気が差すなどもってのほか、と考える人も珍しくはありません。もちろん、物事は程度問題です。嫌気ばかり差していたら、セラピーや援助になりません。要は、奉仕か嫌気か、一方に偏ってしまわないことでしょう。私たちのこころは、矛盾に満ちていますし、さまざまな感情のるつぼです。それがデフォルトなのでしょう。

ところで、心理臨床や援助のデフォルトとして《共感》があります。共感的理解をこころ掛けようとするのは、異論のないところです。が、先ほど挙げた「正しい人たち」を前にして、私たちは、自ずと共感的な気持になりうるのでしょうか？　共感しなければと思って、強引にそうした気持に持っていくのでしょうか？

《共感》とともに〝寄り添い〟も、いつの頃からか、よく聞かれるようになった言葉です。私たち臨床家や援助者は、こうした言葉に弱いというか、いささか罪悪感を抱かされるところがあります。「自分の関わりは、寄り添っていないのではないか？」「自分は援助者として、共感性に欠けるのではないか？」など、負い目を感じてしまうのです。

ですが、現実に私たち人間の愛情は、無尽蔵なものではないでしょう。《共感》や「母性」が絶対善と化すとき、やはり極端なことが起きてしまうと思うのです。

最近、気になる話を小耳に挟むことが増えてきました。

医療や援助現場の事例検討会などで、発表者が寄り添えなかったことに対して自責的になり、周囲の空気感も「寄り添うこと、ありき」の雰囲気を醸し出している、というのです。自ずとその場は、寄り添えないことへの自責と他責の淀んだ空気に支配されます。まさか発表者が、「寄り添う気になれなかった」と言うなど、到底、許される雰囲気ではないのでしょう。

確かに、寄り添えないことには、その援助者自身の問題もあるのかもしれません。ですが、自責の念しか語れない場も、どうかしたものです。

しかも、関わりの質を問われることなく、《共感》や〝寄り添い〟が「絶対善」の高みに祭り上げられるなら、考えものでしょう。D・W・ウィニコット〔1971〕の言うように、私たちの生きる場は、内的世界（主観的世界）と外的世界（現実）との交わる中間領域なのです。両方を股にかけて生きるのが、人生です。なので、セラピーや援助の場においても、物質性（すなわちnot-me

である現実）との出会いが必要となる時期は来るものです。私たちが、「他者性」という物質性のないままに、《共感》や〝寄り添い〟といった主観的領域に、いつまでも塗れているなら、それはもはや幻覚の世界でしょう。

私は、そういう場に接すると、その場の薄っぺらさに〝共感しようもないな〟という気持が禁じ得ません。

共感しようもないな――その三

セラピーにて①

そうは言っても、私が〝共感しようもないな〟と思うことには、私の問題もあるでしょう。そもそも私に「優しさ」や「思いやり」などの心情が足りないのかもしれませんし、年齢とともに繊細さも摩耗してきたのかもしれません。

ただ、共感性が乏しいなら乏しいで、あるふりをしても仕方がないので、〝共感しようもないな〟から始めるほかありません。特に昨今は、先に挙げたような「夫が発達障害」と一方的にあげつらうような人たちが増えてきていますので、共感的な心情など端から起きないわけです。もちろん、そうした方々にはそうした方々なりの気持の背景があります。確かに夫には共感不足のところもあるのでしょう。夫に理想を求めたい気持も人情としてはわかります。さらには、彼女自身が虐待などによって愛着障害の傷を負っていることも、あるかもしれません。

もっとも、愛着障害に限らず、現代社会全体に愛情が薄くなっていることは、さほど異論のないところでしょう。「今だけ、金だけ、自分だけ」という風潮が幅を利かせているのが、今日の時代です。愛着障害のもう片割れ、高機能の自閉スペクトラム症（ＡＳＤ）が増えてきたのも、時代を象徴しているように思われます。今日は、〝薄っぺらな愛情〟が蔓延しているのです。

ところで、愛着障害の方たちに限らず、現代人一般と言ってもよいかもしれませんが、生育において愛着の経験が乏しいとどうなるか、少し触れておきたいと思います。

そもそも現実の愛情というものは、さほど理想的なものでもありません。母親だって、いつも可愛がってくれるわけではないですし、スマホでユーチューブを見て赤ちゃんのことはほったらかし、ということもあるでしょう。まあ、だいたい優しくて世話もしてくれる「まあまあの母親」というのが現実の母親といったところではないでしょうか。ですから、そこには「愛してくれた」ばかりでなく、「怒られた」「ほったらかしにもされた」といったような、愛憎相半ばする関係が成立しているのです。

ところが、そうした親子関係が虐待などによってひどい体験ばかりだと、どうなるでしょうか。そうした話はグリム童話などによく表現されていますね。ひどい母親は継母となり、その一方で理想化された母親がどこかに存在する、と夢見られるわけです。こうした現実離れした夢想が、愛着障害において間々起こりやすいのです。

ですから、夫が発達障害だと主張する妻は、そもそも現実の愛情を知らないのかもしれません。現実を知らないがゆえに、現実に「理想」を性急に当てはめ、一方的な攻撃となっているのかもしれません。このあたりの虐待や愛着障害の心性は、別に三島由紀夫を題材に論じたことがありますので、ご関心のある向きは参照ください〔祖父江 2023〕。

話戻って、〝共感しようもないな〟から、ではいったい、どのようにセラピーは始まるのでしょうか？　次に見ていきましょう。

共感しようもないな――その四

セラピーにて②

昨今、ＡＳＤ系や虐待後遺症の大人たちが増えている印象ですので、〝共感しようもないな〟からセラピーが始まることは珍しくありません。ですが、その後の経過は、それこそさまざまです。「夫は発達障害」の訴えの女性を例にとって、その後の成り行きを示していきましょう。

私は、共感しようもない話を聞いているとき、薄っぺらいと思いながらも、「そういう風に思うのかぁ……」「理想の夫を求めているんだよな」とぼんやりと聞くようなスタンスが多いです。

それで手始めに、どんな夫が理想なのかを聞いていったりします。そうするとたいていは、さまざまに都合の良い夫像が語られます。『気持を察してくれて……』『わたしが疲れていたら、気遣ってくれて……』などなどです。たいてい、怒りの底には理想があり、理想が叶わぬからこそ怒れてくる、という構造が潜んでいます。なかには本当にひどい夫もいますので、一概には言えないところですが、だいたい、期待値に届かない（あるいははるかに遠い）からこそ怒れてくるのですね。人生は思うに任せぬわけです。ですから、そのことを正直に慨嘆交じりに伝えてみます――『人生って、思うに任せませんよね。もっと気遣いの優しい夫だと思っておられたのに……』などと。

その後の成り行きは、クライエントのセンス次第です。『そんないい夫は、ざらにはいませんよね』と応えてくれれば、しめたものです。もちろん、夫への不満はそれで解決するわけではありませんが、「折り合い」というものが視野に入れば、「折り合えない自分」というみずからの姿も、薄ぼんやりとは見えるわけです。夫との折り合いは、自分自身の問題ともなるわけで、一方的な夫への不平不満には終わらない展開となりやすいです。

ただし、ＡＳＤや虐待後遺症の方々は、先述のように「現実の愛情」の経験が薄いので、一方的な他責や不満が収まることは、なかなか容易ではありません。

そうなるといよいよ私の〝共感しようもないな〟という気持は、いやでも増していくわけです。「この人はどうにもならんな」という気持になったり、「世のなかはきれいごとじゃないんだよ」という気持になったりもします。

そうなると、こうした私側のいわゆる逆転移も、その場の雰囲気で何となく伝わってしまうこともあります。これはどうしようもないことですね。非言語的メッセージで、私自身が「共感不足の夫」になってしまうわけです。それでセラピーが中断してしまったりもします。

共感とは違って――「共有」という視座

こうした自然に共感の気持を持ちにくい人たちと面接するとき、《共感》〝寄り添い〟という御旗(みはた)はあまりにもハードルが高いように思われます。そんな気持になれないわけです。こうした事態においては、《共感》は美しい理想、「絶対善」の思想として、私を追い込みます。『共感できないのは、あなたの問題だ』と言われるような気がして、共感のふりや「偽善」に走ることに駆り立てられかねないのです。

でも、そんなことはしたくないわけですね。では、どうするか。ここはもう、成田善弘先生の論考〔1999〕から学ぶほかないでしょう。私は、「こころの井戸」の観点から、ずいぶんとヒントを戴きました。

成田先生は、自己愛青年の例を引きながら、次のように論じます。

自己愛青年は、みずからの不適応を周囲の理解のなさや凡庸さのせいにして、成田先生を辟易とさせます。彼の尊大な自己愛に対して、「小学校の一番なぞ日本中に掃いて捨てるほどいる」という考えが、成田先生の頭を掠めるまでに至ります。ですが、そのとき成田先生は、ふと気づいたのですね。「運動が苦手、宇宙への関心、友達づき合いのまずさなど、彼の言っていることは私自身のことでもあった」と。そこから成田先生の解釈が生まれてくるのです――『ひとりぼっちなんだね』と。

成田先生は、こう解説します。「治療者と患者のあいだにある共通の体験が成立しているときに解釈が生まれるのである。そしてその解釈は同時に共感の表明にもなるのだと思われる」。

成田先生の芸当は、みずからのこころの井戸を掘り進み、患者との共有体験を見出そうとする、薄っぺらでない共感です。ここに《共感》の本質は語られ尽くしているでしょう。すなわち共感とは、こころの水準での〝共有感〟なのですね。ですから、《共感》の地平では、セラピストもクライエントも「同じ景色を見ている同志」となるのです。同じ景色を〝共有〟しているのです。そこに、セラピストとクライエントの立場の違いはありません。

「生きづらさ」の共有から仄見える地平線

ですが昨今、この心的水準での〝共有感〟も難しい時代になってきたように思われます。共有感を打ち出した途端に、それが薄っぺらなものに転落してしまう、あるいは深い実感を伴わないものになっている。ともすれば、すぐに〝共有〟できると思っている人も少なくありません。「わたしとあなたは同じ」「よく似ています」など、大してお互いのことを知りもしないのに、同じだと思ってくっつこうとする人がいます。〝共有感〟が薄っぺらなのです。

成田先生の〝共有感〟とは、こころの井戸を掘ってみたところ、同じ孤独で繋がっていたという発見です。それは、「井戸」という言葉が喚起させるように、深いところでの繋がりであり、深いゆえに容易には変えようもない痛みや悲しみや苦しみであり、個人がどうしようもなく背負わざるを得なかった「資質」や「生育の軌跡」でもあります。お互いの「固有の体験の内部」で通じ合った共有感なのです。

それが現代はどうやら、薄っぺらな〝共有〟しか成り立ち難い現実もあるように思われます。それが、現代の「宿命」だとすれば、さしあたり私たちは、クライエントを前にして、どのような〝共有〟が可能になるのでしょうか。

この答えは、性急に導き出されるべきものではないでしょう。ですが、「夫は発達障害」の女性にしても、私にしても、あるいは多くの現代人にとっても、愛情の薄っぺらさや、人間界の生き辛さを多かれ少なかれ抱えている点では、同じでしょう。そこに、現代のセラピーにおける第一歩が始まるような気がするのです。

その先に、「わたしもわたしですから、夫もこんなもんですよね」という、薄っぺらな者同士だけれども、それでも得難い〝パーソナルな共有感〟の地平線が仄見えてくることでしょう。

「薄っぺらな共有」の人間らしさ

世界は偽善に満ちています。昨今、アメリカの大手企業の多くは、社会正義を唱え、WOKE運動への賛同を表明しています。そのやり口は、きれいな顔をした偽善者そのものです。

アップル社は二〇一九年にアメリカの海軍航空基地で発生したイスラム教徒によるテロ事件の捜査で、犯人のアイフォンのロック解除の要請を司法当局から受けていましたが、プライバシー保護の美名の下、拒否し続けました。ですが、その一方で同社は、二〇二二年、中国当局の要請によりエアドロップ機能を制限し、中国の反習近平デモ弾圧に協力したようです。

コカ・コーラは黒人従業員からの訴訟を契機に、「反人種差別トレーニング」を実施していますが、同社の飲料は黒人社会の肥満、糖尿病、心臓病を助長しています。ナイキは、人種差別に抗議する元アメフト選手の黒人活動家を雇いましたが、同社の靴は、新疆ウイグル地区の強制労働に係わっていると言われています。日本のユニクロも同様の事情でしょう。

こうしたグローバル企業は、利益追求が至上命題となっていますので、確信犯の偽善者です。世間受けのよい正義の看板の裏で、汚いことをやっているのです。家庭や社会に目を移しても、きれいな顔をした地方の名士が、実の娘を性的に虐待していることも、さほど珍しくなくなっているのが今日の実情です。大手マスコミも、「権力の監視役」と言われたのは、今は昔、「権力の番犬」に成り下がり、「報道しない自由」を謳歌しています。昨今の卑近な例でいえば、性的虐待のジャニーズ問題をマスコミ自体も長年、等閑視してきました。

このように、現代人が宿命的に負っているであろう愛情の薄っぺらさを覆い隠そうとすると、逆に、大義・正義の「絶対善」を振りかざすことになり、碌なことはありません。ですから、せめても私たちの臨床・援助現場は、『オレたち人間、薄っぺらいからさぁ、そんなに共感って言われても……』と、人間らしい本音も語れる環境であってほしいと願うのです。

成田善弘（1999）「共感と解釈――患者と治療者の共通体験の探索」成田善弘・氏原寛編『共感と解釈――続・臨床の現場から』人文書院

祖父江典人（2022）『レクチュア こころを使う――日常臨床のための逆転移入門』木立の文庫

祖父江典人（2023）「芸術とトラウマ――三島由紀夫と虐待後遺症」上田勝久・筒井亮太編『トラウマとの対話――精神分析的臨床家によるトラウマ理解』日本評論社

Winnicott, D.W.（1971）『遊ぶことと現実』岩崎学術出版社

実践編

寄り添うことの「壁」

実践編の論考をご紹介しましょう。

妄想の「陰謀論」を語る男子高校生との出会いは、パンチが利いていて、筒井は頭をハンマーで殴られたような衝撃を食らわされます。共感もへったくれもないです。ですが、面接回数も重なるにつれ、筒井の腹も据わり、会話は次第にボケとツッコミの様相を呈し、不思議なことに陰謀論は……何が起こったのでしょうか？　摩訶不思議です。

大学相談室は、大学組織のなかでは辺境の地に位置づけられます。川合は、中央からは十分に認められない辺境の孤独を語ります。その相談室を訪れるクライエントは、過剰な要求をもち、一体感を求めてくる人たちなのです。果たして、「孤独」や「孤立」の感覚は、共感によって回避されるべきなのでしょうか……。

精神科児童病棟は、特殊な世界です。子どもたちは、日常から隔絶されたり、隔絶された場所でしか生きられなかったり、早くもその若さで、たいへんな生きづらさを抱えているのです。孤独なのです。とは言っても、共感じたいが、「ノーサンキュー」の子に対して、福嶋は思わず涙が零れるのでした。何が起こったのでしょうか……。

住は、「共感疲労」という予想外の観点から、精神科病棟での経験を語ります。スプリッティング（分裂）という心的機制を使い、患者から良い人／悪い人、味方役／敵役に分けられ、振り回されてしまう病棟スタッフは、いったいどのように、メンタル・ヘルスを保ったらよいのでしょうか……住の示す観点とは？

堀川の観点は、住のそれとクロスするところがあります。私たち臨床家は、共感や寄り添いという精神労働に対して、いかなる報酬を、あるいは対価を、求めることができるのでしょうか？　転移がセラピストに集中する開業心理では、なおさらです。症例「金色夜叉」の女性は、堀川に「勘定空想」を掻き立てました。その顛末は？

リエゾン領域では、死を前にして、人間の本性が浮き彫りになる局面が訪れたりします。わがまま、身勝手、怒り、孤独など、普段なら保たれていた感情の閾値が極端に下がり、医療者に向け暴発されたりするのです。そのとき、人と人との「つながり」が保たれるには……近藤は、問います。

若松は精神科医として、産業医として、経験を積み重ねています。産業医は、復職の可否を判断し、職場におけるメンタル・ヘルスを支援する役割です。患者の生涯に付き添うものではありません。ですが、共感的関わりは、産業医においても基本とされるのです。若松は、時に復職不可の判断を下したり、就労制限を加えたりする、産業医の「現実原則」と共感との兼ね合いを論じています。

発達障害者（児）は、「ねじれた文化体験」のなかを生きている、と浜内は説きます。いわゆる健常者は、その文化体験をわかったつもりになることはあっても、本当にわかるのかどうかは怪しいのだ、と。「他者と共有したい」ニードはないが、「友達が欲しい」という発達障害者の言葉を前にして、「寄り添い」という共有は可能なのでしょうか。浜内は問います。

遠い異国の地で、在留邦人支援を続ける前川は、夫の職場が同じという狭い日本人コミュニティのなかで活動しています。お互いが顔見知りであったり、子どもの学校も同じだったりなど、どこかでつながっているのです。そこでは、一般の心理療法とはいささか様相の異なった、「わかるわかる」関係が大事になります。前川は、その「同感」の意味を問います。

実践のなかから、「共感」や「寄り添い」を語る著者たちの口ぶりは、まさに多様です。そして彼ら彼女らの思索は、現場の息遣いを感じさせるもので、独自です。そこには驚きや、戸惑いや、瑞々しさが息づいています。

とくとご覧ください。

わかりえないことが持つインパクト――学校臨床の一事例

筒井亮太

事例――陰謀者

『わかりますか？　つまり、黒幕はＦＢＩと日本政府ってことですよ』

高校生のＡは机を叩きながら声高に主張していました。

「ごめん。ぜんぜん、わからないや……」と内心で呟きながら、面接室で相対している僕は虚空を眺めていました。何かを考えているふりをするため、難しそうな表情を浮かべて、「わかるもなにも、支離滅裂じゃないか……」と思いながら。

僕は中井久夫の箴言を糸口にしてなんとか応答してみました。

『僕はよく知らないんだけど、そういうものなんですかね？』

僕は心底そのように感じていましたから、ある意味では実感がこもった、嘘偽りのない発言だったように思います。けれども、そこには「共感する」とか「寄り添う」とかのこころの動きは皆無でした。言うなれば、情緒的な交流はまったくありませんでした。もしも面接室に監視カメラでもあって、そこから僕たちのやりとりを見る機会があったなら、きっと、奇天烈な応酬に見えたことでしょう。第三者の視点から眺めれば、噛み合わない話をするふたりの人間が面接室に同席しているに見えたに違いありません。

もう、Ａとは何回も会っているのに、僕は話についてゆくことすら難しく、とてもじゃないが考えることができない感覚に陥りました。瞬間的に「おぉ、それならわかりそうだ」と熱心に耳を傾けても、すぐさまこころが彷徨いはじめて、「もの想い」（カッコ良く言うならば）に浸ってしまうのです。

Ａは僕の考える機能を攻撃していたのでしょうか。専門的に述べるならば、「Ａは抱えきれずに考えることができない情緒や感覚を投影同一化を介して僕に投げ込み、僕はその投影物に圧倒されて自身の考える機能を損壊されてしまった」ということになるでしょうか。そのようにテクニカルに考えてみてこころのゆとりをもつことすら、その瞬間の僕には不可能でした。

そして、面接が終わると、あるいは少し経ってから振り返ると、どうして自分がそのような単純な事柄、露骨な関連性に気がつかなかったのかと、呆然とするのでした。Ｂが繰り出す過剰な投影同一化に僕はすっかり参ってしまいました。

そのため、僕がもはや考えを介在しないようなコメントを発してしまうこともしばしばありました。

『でもさ、ＦＢＩって、日本にはいないんじゃないの？』――Ａは一瞬、停止しました。けれども、すぐに『あぁ、そうですか。じゃあ、ＣＩＡでいいです』と言葉を繋げ、また陰謀論を語りつづけました。「じゃあ、ってなんだよ。黒幕なんだから、そこは大事でしょ」と僕は思いながら、頭に多くのクエスチョンを浮かべていました。

後から振り返っても、意味をなさない、あるいは有害にすらなり得るような僕のコメントを、Ａはまったく意に介していませんでした。僕の存在は、まるっきり無視されているかのようです。Ａの頭には、独自に打ち立てられた陰謀論があり、僕はその見解を聞くしかない存在でした。

「これは果たしてカウンセリングなのだろうか……」と、意識が朦朧とするなかで僕は、なぜこうしてＡと会うようになったのか、走馬灯のように思い出していました。

Ａとの出会い

『筒井先生、ちょっとよろしいでしょうか?』

ある日、学校の職員室の一角で温かいコーヒーをすすっている僕に、教員のＢ先生が声をかけてきました。Ｂ先生は、とある生徒の対応で頭を悩ませていました。その生徒は平時であれば優秀な成績を収め、特に大きな問題を起こすようなタイプではないのですが、一度「なにかのスイッチが入る」と途端に話が通じなくなり「妄想? のようなこと」まで言う、とのことでした。先生たちは一様に、その変貌ぶりに気圧されて、Ａの話す内容に耳を傾けることができなくなりました。指導と称して一方的にAを諭そうとしましたが、暖簾に腕押し。Aの舌鋒は鋭くなるばかりでした。要するに、先生たちは匙を投げており、基本的に事を荒立てずに対応するという方針を学年内で共有するにとどまり、Aに対して支援が必要なのかどうか、すらも考えることができない状態にありました。

スイッチが入らなければAは大人しい。ならば、こちらから強いてアプローチしなくてよいのではないか。人間、未知な対象と遭遇すると、回避したくなるものです。その感情や気持が先行し、思考や理念はあと追いするに過ぎません。先生たちのこころの動きもなんとなく伝わってきます。多忙を極める学校現場は、問題が勃発するだけで全体が疲弊してゆくという構造上の問題を抱えています。要するに、さまざまな側面で「キャパ不足」なのです。Aのように、支援してゆこうとすれば難航を極める事例とわかっていると、いろいろと理由をつけて触れないでおきたくなるというのも人情でしょう。

触らぬ神に祟りなし——それでしばらくは平和が続いていました。けれども、どうしても着手しないといけない騒動が起こったのです。

B先生が言うには、Aが恋愛感情を抱いている生徒をめぐる三角関係が、事の発端でした。事態は複雑化し、Aは神経衰弱に陥り、一時、不登校の状態に至りました。不登校になった以上、先生たちも放置するわけにはいきませんので、Aと接触を試みました。けれども、情緒が不安定になってしまったAとは、対話をすることもできませんでした。その後しばらくは、定期的に家庭訪問を繰り返したものの、現状維持のまま。そして最近、Aが危険な出来事を起こしてしまったため、まったくのお手上げとなりました。そこで白羽の矢が立ったのがスクールカウンセラーである僕だった、というわけです。

スクールカウンセラーというのは、全国の小中学校を中心に国の文部科学省が設置したカウンセラーを指します。基本的には臨床心理士や公認心理師が担うことが多く、学校生徒のカウンセリングはもちろん、学校の教員のコンサルテーションや学校全体のマネジメントの一端を担う重要な存在です。非常勤雇用が大半であるため、「たまたま学校に来ている心理の方」と言われることもありますが。

僕はB先生から話を聞き終えると、すっかり冷え切ったコーヒーを飲み干し、『ひとまず、本人が会いたいというのでしたら、会ってみましょうか』と伝えました。どうやらAにも、スクールカウンセラーに会ってみたいという希望があるようでした。そこでB先生と具体的な日程調整をし、くだんの生徒であるAと会うことになりました。

僕と会うころには、Aは少しずつ登校を再開していました。けれども、起こした事が事なので、しばらくは別室登校というかたちをとっていました。僕はその別室でAと対面を果たしたわけです。

僕は自己紹介をして、事の顛末はある程度耳に入れているけれども、あらためてAの口から話を聞きたいと思っている、と伝えました。僕はこの作業を、B先生からすでに聞かされた事柄とのすり合わせ程度のものと思っていました。B先生をはじめとする学校側の理解と、A側の体験にそれほど大きな差はないものと、たかを括っていたのでした。

しかしながら、Aから語られる、A視点の物語は、まったく異なるものでした。冒頭、『要は陰謀だったんですよ』と聞かされたときの僕の衝撃たるや。使い回された言い方かもしれませんが、頭をハンマーでガーンと叩かれるというのはこういうのを言うのでしょうか。『ん？ インボウ？ 陰謀ってこと？』と僕が聞き返すと、『そうですよ、それ以外なにがあるんですか』とAは言ってのけました。僕の頭に一瞬、統合失調症の可能性もよぎりました。それほどまでに、僕は彼との間につながりの感覚を掴めないでいました。了解不能だったわけです。

五〇分のカウンセリングの時間は、あっという間に過ぎ去りました。僕は混乱。Aはどこかすっきりとした面持で別室を後にしました。これが初回のAとの出会いでした。

ふたたび、Aとのカウンセリング

『筒井先生、聞いていますか？ 黒幕の話ですよ』

面接の回数がそれなりに重なれば、こっちの腹も座ってくるものです。半年以上、毎回、同じような話を聞かされていると、僕も脊髄反射的な応答に躊躇がなくなっています。

『ごめんごめん。ちょっと、フワーッとしていたよ。なんせ、言っていることがまったくわからないからねぇ……』

振り返ると恥ずかしい話ですが、僕はもはやAの話を「傾聴する」とか、Aの身の上に「共感する」とか「寄り添う」とかを、まったく放棄していました。あるいは、みずからの逆転移感情を利用することで、患者やクライエントの心情や内的世界を理解すべく解釈を繰り出す……

という姿勢も、同じく投げ出していました。

僕とAのカウンセリング（とはもはや言えないような気もしますが）は、良く言えば、時間と場所が構造化された雑談、悪く言えば、ボケとツッコミのような様相を呈していました。僕はAの語る「陰謀」――自身が置かれている境遇や、自身が恋愛感情を抱いていた生徒が陥っている状況（明瞭化されなかったが）の一切が大いなる影の組織による目論見の結果である――の瑕疵や齟齬を指摘し、なんなら、もっと筋が通るような陰謀説の構築に加担さえしていました。『CIAだと現実味がないから、日本政府ってだけにしておいたらどうだろうか？』と僕。『それはいい考えですね』とA。

そのようなやりとりが続いてゆくと、不思議なことに、Aの学校内の問題行動の頻度は相当に減少しました。僕とのカウンセリングでは問題行動の類いなど、ほとんど話題に上がっていないにも関わらず。そうしてしばらく経つ頃には、面接の頻度も下がってゆき、自然なフェードアウトとして、Aとのカウンセリングは終わることとなりました。

その後の便りによると、Aは無事大学に合格し、学生生活を楽しんでいるとのことでした。

若干の考察

このスクールカウンセリングの経過には、よくある治療機序が欠けています。それは「共感」です。僕はまったく共感を体験していませんでしたし、Aも、共感的に理解されたなどとは感じていなかったでしょう。かの著名な心理学者カール・ロジャーズのいう「治療的なパーソナリティ変化の必要十分条件」が掲げる条件を満たしているとは思えません。相当に過去の事例とはいえ、我ながら呆れるほどのカウンセラーの態度です。この事例の治療者は役割を放棄していています。「わかろうとしていないのだから、当然わかるはずがない」と、難詰されて然るべきでしょう。

とはいえ、本書の趣旨に則って、あえてこのような姿勢が、つまり共感しなかった（あるいはできなかった）姿勢が、功を奏した背景を考えてみる価値はありそうです。

まず、見立てに関してです。たしかにAの言動は脈絡がなく、いくぶん支離滅裂です。しかし、統合失調症とは言えないでしょう。現在の基準や理解によると、Aの問題は自閉スペクトラムであり、周囲の環境とのマッチングがうまくいかなかったことを背景としていたのではないでしょうか。杉山登志郎の定式〈発達凸凹＋適応障害＝発達障害〉にあてはまるでしょう。学校全体がこの理解の筋に立って、「適応障害」の部分の改善に乗り出せば、もう少し穏当に軟着陸した可能性もあります。

次に、介入のチョイスです。誤解されがちですが、発達障害と診断される人びとの多くは、共感能力を有しています。そのうえで、僕の態度は、通常の意味あいで「反 - 共感的」でした。一般に好ましいとされるカウンセラーの所作から逸脱しており、荒くれ者のそれでした。これがどうやら、結果的にはAの改善に寄与した可能性があります。牽強付会になるかもしれませんが、通常とは異なるあり方、臨床心理学的に「共感」とされるあり方とは異なる態度が、相当に独特な佇まいをしていたAにハマったのでしょう。学校の集団からズレたAと、一般に理念とされる態度からズレた僕――双方がズレた異邦人であったために、図らずもそこにある種の共鳴（共感ではなく）が生じていた、とも言えそうです。

そうだとすると（そうであると信じたいが）、ここにひとつの教訓がありそうです。私たち対人援助職につく人間は、意図せず「良い人」になろうとしています。対人援助という「良い行い」を生業として選んでいる時点で、私たちのこころのあり方にはそのような陥穽が潜んでいます。それはとりもなおさず、臨床上「良い」とされる作法や方法を墨守する構えをもたらしかねません。

「共感は良いことだ」――「良いことをする自分は良い人だ」――「それで相手も良くなるのだ」というリニアで一面的な考え方では、臨床のリアルには肉薄できないような気がするのです。

結びとして

本章では、個別の心理的援助であるカウンセリングを取り上げました。良きカウンセラーであろうとすれば嵌まり込んでいただろう落とし穴がありましたが、本章の事例では「共感できない」ことが逆説的に良い影響をもたらしたようです。共感や寄り添いがとても重要なエレメントである点は否定できません。けれども、その「達成不能な理念」を追い求めることに拘泥することのみが、心理臨床の営みの本質ではないように思います。

人と人とのあいだには、わかりあえる部分もあれば、わかりあえない部分もあります。良くも悪くも、それが人間であり、そこに多様性も生じえます。「共感第一主義」というものがほんとうに心理臨床に浸透しており、多くの実務家たちがそこに疑問を抱いていないとすれば……だとすればですが、その〝共感を求める姿勢〟が反治療的に作用することが、盲点となるでしょう。

いささか煽動的なエッセイとなってしまったかもしれませんが、この小論が読者諸氏の振り返りの役に少しでも立つならば、筆者としては望外の喜びです。

背後にある孤立感
——学生相談での体験

川合耕一郎

学生相談室の場に、従来あまり出会わなかったさまざまな種類の相談が持ち込まれるようになっています。例えばＬＧＢＴ、ストーカー、デートＤＶ、ハラスメント、虐待、発達障害の合理的配慮、などに関する相談をあげることができます。

現在ではそれほど珍しくありませんが、十年前、この種の問題にそれほど出会わなかったように記憶しています。規模がそれ程大きくない大学では、障害学生支援、ハラスメント相談、ダイバーシティ支援に特化した専門的部署を設置する余裕がないため、これらの相談の一部、あるいはほとんどを、学生相談室が担当するよう期待されている場合が少なくありません。

そして、それらの支援において、支援者は来談者に寄り添い、基本的には共感的に話を聴くことが求められている、と言ってよいでしょう。

確かに、このような主訴で訪れる相談者は、差別・暴力・抑圧・無理解によって傷を負っていることが多いため、支援のなかで不用意に二次的な被害に遭うことは極力、避けなければならないことでしょう。しかし「共感」は、スローガンとしては許容できたとしても、マニュアル、チェックリストを頼りにして済ませてしまえるほど簡単なことではない、というふうに私は学生相談室での経験から考えるようになりました。

「共感」を教条的に要求されればされるほど、私たちの身は固くなるばかりでしょう。共感的でない振る舞いが糾弾されるかもしれない……と。または、共感的な身振りの裏で本当のところ共感できない自分を発見し、それを自分のこころの未熟さや想像力の欠如にひきつけて、自責の念に駆られるかもしれません。そうなれば、「共感」という言葉は、私たちの自然で率直な感情を萎縮させ、心理療法の場から〝リアルさ〟を遠ざけることになりかねません。

本章では、学生相談の場で、筆者が相談者から「共感」を求められた事例を通して、改めてこの「共感」という言葉について考えてみたいと思います。

事例1 ❈ ストーカー被害

教員から「新入生がストーカー被害にあっている」と、学生相談室に電話がありました。そしてすぐに、その教員に付き添われて女子学生Cが来談しました。

Cの話によると、入学して一、二ヵ月たった頃から、大学の最寄りの駅で他学科の学生に、追い越しざまに後ろから肩をぶつけられ、数メール先からジロジロと見られる、という被害に遭っているそうでした。その後も、彼女が課題のために帰宅が遅くなり、友人と通学路を歩いているときに、暗がりのなか、後ろからつけられたこともあったそうでした。彼女はこれらのストーカー被害が原因で、次第に登校が不安となり、大学を欠席がちになっていきました。

この初回の面談の途中から、仕事を終えたCの母親が同席し、大学の迅速な対応を強く望みました。聴取した話の内容は非常に具体的でしたから、私はストーカー事案であると判断し、大学組織として対応する必要があると考えて、即座に執行部に報告をあげました。

さて、Cから得た情報からすぐに、他学科の男子学生が特定されました。男子学生は、すでにキャンパス内で奇異な問題行動を起こしている上級生だったためです。事情聴取で、男子学生は加害行為を認めました。大学は彼に注意を与え、彼の保護者に、しばらくのあいだ通学に付き添ってもらうことになりました。一連の調査の結果、彼は特にCを標的にしているわけではなく、同様の行為を複数の女子学生に無差別におこなっていることがわかりました。

これでひとまず問題は収束していくだろう、と私は楽観的な見通しをもっていたのですが、事はそううまく運びません。Cと母親に大学の対応の顛末を報告したところ、母親は激怒しました。大学組織の対応は同種の案件に比較して素早く、筆者からCと母親に逐次状況を報告していましたので、非常に驚きました。母親の怒りの理由は、キャンパス内で男子学生が自由に動けるのであれば、今後も偶然遭遇することがあるし、再度、被害を受けかねないということでした。そして、そんなことさえわからない治療者は「共感」的でないと責められました。私は定期的なCへの面談を通したこころのケアとともに、同種の被害があれば迅速に対応する旨を丁寧に伝えましたが、これも焼け石に水でした。

Cが大学を欠席するたびに、学生相談室に母親から電話があり、糾弾されるようになったのです。要求はだんだんとエスカレートし、筆者がCを大学から迎えにいくこと、男子学生のキャンパス内での行動制限、退学処分、個人情報の開示を要求されました。それをやんわりと断れば、怒号が飛びます。

時間をかけて怒りを受け止めていると、時に母親は冷静になることがありました。『じつは高校入学のときも同じようなことがあって……』と聴いて、女子学生のこころの問題として協力していけると思いきや、日が変われば元の木阿弥。協力関係は諦め、保護者が『大学が対応しないなら警察に行く』『裁判を起こす』と言うので、それに乗っかって『これ以上の対応を求めるのであれば、そうしてもらうしかない』と筆者が言おうものなら、『カウンセラー失格だ。本当に共感していればそんな言葉が出てくるはずがない』と熾烈に攻め立ててきました。

そのようなことが続くうちに、私はこの問題に全く役に立てていないという劣等感にまみれていきました。「自分には相手を思いやる想像力に欠けているのではないか……」と。やがて、学生相談室に通勤するのが苦痛になっていきました。突然、電話がかかってくるのではないか……、詰め寄られるのではないか……、いちゃもんをつけられるのではないか……と。執行部に報告をあげて対応を相談していましたが、すでに大学側もストーカー案件からクレーマー案件に見立てが変わっており、本件への対応に他部署の応援を得るのが難しく、私は孤立しました。そして「この状態がずっと続くのかもしれない」と思うと、気が重くなってきました。

いまの私の体験が、Cの体験と同種のものかもしれない――そんなアイディアが浮かんできても、どうすることもできません。当のCが面談に現れないのですから……。

ところが数ヵ月後、このクレームはあっさりとやんだのです。母親から電話があったのですが、私が不在だったため、他部署に電話が回されたのでした。他部署の管理者は、母親の私に対する不満をひととおり聞いた後で、『大学としてはこれ以上の対応ができないから、警察に行ってもらうしかない』『人権上の問題があるから、逆に相手から訴えられる可能性がある』と、けんもほろろの対応をしたそうです。以降、保護者からの電話はぴたりと止んだのでした。

クレーム問題は解決しましたが、学生のこころの問題は置き去りになってしまいましたので、完全な失敗事例です。もし、最初から他部署とチームを組んで対応していれば、と後悔の念でいっぱいになります。

しかし、介入方法やタイミングといった技術的な問題もさることながら、もっと根本のところで、「共感的に振る舞わなければならない」という筆者の姿勢が招いた結果だと、いまは思っています。そうした姿勢の元には、もちろん保護者からの圧迫もありましたが、大学組織からの学生相談室に対する期待もありました。この種の問題をできるだけ波風立てずに対応して役に立たねばならない……、当時そのように問題を背負い込んでいたのだと思います。さらにそこには「大学職員として同じように振る舞っているのだけれども、本当には自分の仕事が周囲に理解されているわけではない」という、私自身の孤立感があったように思います。

事例2 ❈ 小児期に逆境体験をもつ女子学生

女子学生Dが入学直後に学生相談室に来談しました。内容は、最初は学業や友人関係についての不安でしたが、来談を重ねるうちに、家庭環境の話題がメインとなっていきました。

Dは小児期の逆境体験によって、愛着の問題を抱えていました。そして、成績や表面上の対人関係に問題はないものの、健忘症状や疎外感に悩まされていました。Dは、親からの不適切な養育の体験を語りましたが、私は素直に同情心がわいてきました。最初の一年は、良い教師と優等生のような関係が維持され、穏やかな陽性転移のなかで、彼女は自分のこころと向き合っているようにみえました。

しかし、次第に依存感情が強まるにつれて、Dは自分のこころとつながることができなくなり、面接は沈黙がちとなりました。彼女は「面接室の外から聞こえる他学生の声のせいで集中できない」と不満をたびたび訴えました。また、彼女は治療者の夢をよく報告しましたが、夢のなかでも「他の学生に治療者をとられてしまって話せない」という体験をしていました。たとえ依存感情が束の間、満たされたとしても、次に来たときにはその記憶は失われていて、治療者が赤の他人になってしまいました。沈黙が続けば『自分は話すことがないし、相談に来る資格がないのではないか』『ここにいてもいいのか』と、治療者に保証を求めてきました。

Dが求めていたのは、私との隙間のない一体感でした。『（治療者に自分のこころを）完コピして欲しい』『母親からやってもらえなかったケアをして欲しい』と切望し、予定の面接以外にも面接を希望しました。それに応えられないとき、Dは『うざがられているのではないか』『うんざりしているようにみえた』と体験し、そのような依存感情をもつ自分を責め、希死念慮を訴えました。私は、具体的なかたちでの共感・保証を常に差し出さねばならないような圧迫感と、共感が得られなければすなわち敵対的な関係になってしまうことに、息が詰まる思いでした。

そのような行き詰まりの数年間のなかで、たびたび「彼女の問題に、私では役に立てないのではないか?」という疑問が湧くようになりました。「そもそも心理療法に導入したのは間違いだったのでは?」とか、「他にもっとふさわしい治療者がいるのかもしれない」とか。また逆に、Dの私への不満を性急に解釈し、自分が役に立っていることを確認したくなりました。

時間をかけて、そのような自分のなかのネガティブな逆転移感情が意識されていきました。よく考えてみると、自分自身のなかにもマジョリティとは混じり合えない孤立感があって、それが自分の職業選択にもなってきていることに気づき、Dはそういった孤立感の理解者・同志として私を求めているのではないか、という考えに思い至ることができました。このようなアイディアは、直接セラピーのなかでDに伝えることはありませんでしたが、重い役割と責任の感覚から解放してくれて、私はずいぶん楽になりました。

行き詰まりの流れを転回させた印象深いセッションがあります。

Dは家族内でのすれ違いについて話していました。父親や母親のペースに合わせて、自分のペースを崩されたが、その不満を感じないようにこころを切り離した、というような話でした。その話はあまり私に届いて来ず、退屈に感じていました。そして、やや不用意に『一緒に暮らしていたら、そういうこともあるかもしれないね』と漏らしてしまったのです。

おそらく彼女が欲していたのは、家族への不満に共感してもらうことでした。また、転移的な文脈では、私の応答は、治療者にペースを崩されるということだったでしょう。そのように、私の率直な言葉というのは、彼女の期待するものから大きく外れていました。

彼女はかなり長い時間、沈黙したあとで、『「私に」クッションを投げつけたい』と不満を伝えてきました。彼女がひとつのセッションのなかで、私に不満を言葉にして伝えてこられるようになったことに、驚きました。

私がその驚きを伝えると、彼女は次のセッションで、次のように自分の気持を私に伝えてきました——「いつまでもセラピストに、母親からもらえなかった共感を求めてしまう」「しかし長い時間をかけて、それがここでは得られないと理解するようになった」「だからこそ、本当のことを言ってくれる場所として頼りにしている」とのことでした。私は、彼女がずっと執着し続けていた二者関係の地平に、三者関係の兆しを感じとりました。

さて、以上ふたつの事例から「共感」という言葉を検討してみたいと思います。

筆者には「自由なスペースを奪って、まるで一体となって、同じ感情を味わう」共感が求められていました。それは、隙間なくぴたりとくっついた母子の二者関係の世界です。そういう幻想的な二者関係こそが癒しの力をもつ、と信じてやまないのです。なぜ、このように強烈な共感が希求されるかといえば、その裏側には、人と繋がりをもてない強烈な孤立感・分離感があるからでしょう。

大学生となり、キャンパスは広く、親や教員からの庇護が薄くなり、履修から友達づくりまで、すべて自分でこなすことを求められる。努力しなければ（努力しても）単位はもらえないかもしれない。そういう一見、自明な大学環境は、学生らがもともと抱えていた孤立感を一層、強めることになるのかもしれません。学生相談は、そういう孤立感からの一時避難所のように学生から求められているようです。

しかも、学生相談室じたいも、大学組織のなかではいささか辺境の地の存在です。たいてい同僚の心理職が一人から数人で、しかも組織から正しく私たちの仕事を理解してもらえることは少ないと思います。組織からアウトカムを求められても、私たちが外に示せる目に見える成果は、せいぜい来室人数・件数くらいのものでしょう。それが次年度の雇用契約や予算と関係してくるという世知辛い話も聞きます。それらの数字は私たちの日々の臨床の仕事の実感とかけ離れています。この孤立感は、同じキャンパス内で「コスパ」という価値基準で自分自身を切り刻む学生たちの孤立感と計り合えるものではないでしょうか。

こうした意味では、両者は孤立した者同士の、手を結びやすい関係性にもあります。ですが、両ケースともに、求めてきた一体感は「孤立の否認」に基づいています。孤立から逃れるために、一方的で皮相的な一体感を求めてきているように思われます。

こうした一体感の希求に、私たち臨床家は応えるべきでしょうか？　確かに、一時的に必要なケースはあるのでしょう。しかし、それがずっと続くとなれば、次第にセラピーからリアルさを奪い、**フェイク**な感触を強めることになるでしょう。「共感」という言葉は、口当たりが良いのですが、いくつもの落とし穴を抱えているようです。

ウィルフレッド・ビオンは、精神分析的な情動経験の不可欠な要素としての「孤立の感覚」に触れ、次のように言います――「分析者も被分析者も、分析の親密な関係にいながらいかなる時にも孤立の感覚を失ってはならない。共同作業がどれほど良かろうと悪かろうと、分析者は孤立の感覚を失うことも、それを自分の患者から奪うこともするべきではない」と。

ビオンは、集団からの孤立の痛みが、集団という「共同作業」のなかでも、第三者性を獲得するために不可欠であるということを言っているのだと思います。が、これは学生相談室にもよく当てはまることのように思われます。自分の存在は、他者との「共同作業」――大学でいえば、教師や学生との関わりや連携のなかで、喜びも悲しみも体験される――ですが、そこでは、幼児的な一体感は求められようはずもありません。「親密な関係にいながら、いかなる時にも孤立の感覚を失ってはならない」といった、成熟に向けての場でもあるのです。

辺境の地にある学生相談は、学生もろとも私たち相談員にも、そのことをよく告げ知らせてくれる場のように思われるのです。

Bion, W.R. (1963) Elements of Psychoanalysis. Reprinted(1984), Karnac Books, In; Bion, W.R. (1977) *Seven Servants*. Jason Aronson. 福本修訳（1999）「精神分析の要素」『精神分析の方法』法政大学出版局

いつも突然、思わぬ方向からやってくる――

精神科児童思春期病棟

福嶋 梓

『え〜、共感って、なにしたら共感になるんすか？　共感して、なんになるの？』このように、面接で子どもから投げかけられたことがあります。子どものふとした質問や投げかけが、妙に芯をついていることって結構「あるある」な気がします。――「どうしたら共感になるんだろう？　共感ってどういうことだったっけ？」私はそんなふうに思って、数日、考え込みました。そのなかで、とあるケースを思い出しました。事実は改変して記載しています。

ある中学生女子の例

当時、私は児童思春期病棟の専従心理士として働いていました。たくさんの困難を抱えた子どもたちが入院しているそこに、あるとき、ひどい強迫性障害を抱えた女の子が入院してきました。家族も彼女自身も症状に疲弊し、入院治療のできる病院を求めていましたが、近隣の病院すべてに治療を断られ、高速道路を使って片道六時間も離れた当院に辿りつきました。私は他の入院患児と同様、心理検査から介入し、その後、心理面接でも彼女と関わるようになりました。

強迫症状は落ち着いて、そろそろ退院も近くなってきた頃でした。強迫症状がときどきぶり返すようになってきたのです。彼女とは、不満や怒りなど、我慢していることがあると症状が現れやすいことを共有していたので、なにか我慢していることがないか、ふたりで検討しました。すると彼女は『別に、不満っていうほど不満でもないんだけど、ずっと言えなかったことはある』と言い、『ここの病院の人は褒めてくれない』と話しました。

この言葉は私にはとても意外でした。入院中、彼女に関わるスタッフは彼女のいいところや頑張っているところを伝え返し、たくさん褒めて、共感的に関わっていたつもりだったからです。

しかし話の続きを聞いてみると、スタッフとのちょっとしたすれ違いがそんなところにあったのかと、これまた驚かされました。

よくよく話を聞くと、彼女にも、スタッフが自分のいいところを褒めてくれていることはわかっていました。だけれど、他県から来ているため、みんなと同じように毎週末という頻度で外出や外泊に行けなかったこと、テレビをつければ自分の地元とは違う番組が流れることなど……『自分がそんな環境で入院を頑張っていたことを、みんなはわかってくれているのかな』と言うのです。

私が《みんな優しいし、よくしてくれる。だけど、どこか孤独に感じるんだよね。そんななかで治療を頑張ってきた》と返すと、彼女が『ほんと、それ！』と、机をバンバン叩いて応えました。

彼女はこれについて、『もともと、どうこうして欲しいというわけでもなかったけど、気持が落ち着いた気がする』と話し、その日は病棟へ帰って行きました。そして強迫症状は再び落ち着き、無事に予定どおり退院して行きました。

児童思春期年代の子どもの場合、大人が思うほど深い共感を求めているわけでもないことも少なくないように思います。子どもにとって「地元トークができない」、「方言が違う」などの環境的な要因も、考えてみれば、大人以上に孤独をもたらす要因となるのかもしれません。そこに触れず、いくら大人の側が共感的に寄り添っていたとしても、彼女の思いには届かなかったのでした。

病棟スタッフ皆が頭を抱えた中学生男子の例

髪の毛はベタつき、全身ふけ・垢にまみれ、尿意を長いこと我慢しているために、だいたいいつも身体を前後左右に動かしている、中学一年男子に心理面接をすることになったのは、彼が再入院してしばらく経ってからのことでした。彼はものすごいＡＳＤの持ち主で、自分の思うようにいかないと、「確認」でさまざまなことに時間を割き、その「確認」に家族を巻き込むようになり、生活が破綻し入院となりました。

彼は「確認」が大変だからという理由で、風呂に入らず、入るには全身介助浴が必要でした。同じ理由で、トイレも限界まで我慢し、排尿／排便後は、これまた「確認」が大変という理由で、大人がペーパーで彼のお尻を拭き、水を流し、ズボンを履かせることまで介助が必要でした。その他、生活のなかの色んなことで介助を要求し、入院中も看護師や主治医が手を貸さなければ、トイレの便座に座ったまま一五時間過ごすこともありました。話はいつも一方的で、相手の様子や都合は一切、無視。何かしてもらっても、お礼が言えず、相手に迷惑をかけることがあっても、謝ることができず、開放観察中に他児に嫌がられトラブルになることも頻回でしたし、担当看護師を苛立たせ喧嘩になることも頻回でした。その度に、主治医や担当看護師と振り返りをおこなっていましたが、客観的に状況を整理して伝えても、『なんで』と、三歳児のように繰り返すだけ。挙げ句の果てには『怒っている○○［他児］が悪い』と人のせいにするのでした。「確認」が止まらないのも、『治せない主治医のせい』『いい薬が用意できないここの薬剤師のせい』『自分の言ったとおりにサポートできない看護師のせい』でした。

ある日も彼は担当看護師を怒らせたことで、主治医と振り返りをしていました。しかし、いつもと何かが違ったのか、彼は振り返りのなかで『人の気持がわからない。そのことで怒られることが、小学校のときから多かった。人の気持がわかるようになりたい』、『心理面接をしたら、わかるようになるんじゃないか』と話したのです。この発言をきっかけに主治医は心理面接を依頼してきました。私は振り返りや対話が難しい彼に心理面接なんて無謀だと思いました。

それは主治医はじめスタッフ皆、承知していたと思いますが、彼の状況は膠着状態で、担当チームは困り果て、とにかくできることはなんでもしてみよう、という感じだったのです。私も専従心理士として、来た依頼には応えねばならず、ひとまず関わることになりました。

ですが、案の定やれやれ、です。彼との面接はあってないようなものでした。「人の気持がわかるようになりたい」と希望したわりに、そのモチベーションはすぐに消え果てました。そもそも彼は、人の気持どころか、人に関心がありません。彼に関わり始めて、彼は心理面接を通して、私から「人の気持がパッとわかるようになる魔法みたいな方法」を授かることを求めていたということがわかりました。当たり前ですが、それは叶わないことです。それが叶わないことだとわかると、私はすぐに用済みになりました。保護室を訪室しても『今日はいい』『話すことない』『確認が大変だから今日は話ができない』と、ほとんど面接を断られました。前日の夜からトイレの便座に座ったままで、面接ができないこともありました。担当看護師と喧嘩したときには、看護師が何に怒っているのか問いかけても、『わからない』。そもそも考えようともしない。説明しても『なんで』と繰り返すことばかり続き、彼とのやりとりは不毛の極みでした。ここまでくると、もはや私はイライラもしませんでした。

残念ながら、彼とのあいだに「共感」は生まれようもなく、共感し難いことばかりでした。

こんな調子で退院できる日が来るんだろうか……と、私だけではなく病棟スタッフの皆が頭を抱えていたとき、突然、ターニング・ポイントが訪れました。ある一人のベテラン看護師が業を煮やして、《自分で出来ないわけないいんだから、もう手助けなんかしないよ》と言い放ったのです。これに彼は逆上。保護室のなかのシーツを破ったり、興奮して暴れたのでした。
しかし図らずも、これをきっかけに彼は身の回りのことを自分でするようになり、「確認」のために、保護室の入口から一歩も出られなかったのが、出られるようになり、その流れのまま退院となりました。

後日、彼に関するケースカンファレンスがありました。長期入院だったため、彼のケースはこれが四回目のカンファレンスでした。もちろん、これまでにもチームでの話し合いも何度もしてきました。なので、彼の生育歴や経過を振り返る時間はこれまでに何度もありました。ですが、この四回目の病棟ケースカンファレンスではじめて、私は涙が出てきたのです。

彼は、名家の出の父と専業主婦の母のもとに生まれました。父方は江戸時代から続く伝統のある家系で、彼は当然のごとく、家業を継ぐように育てられました。しかしそのハードルは非常に高いもので、彼は小学校高学年に差し掛かると、成績が思わしくない科目が出てくるようになりました。家では母が彼に付ききっきりで勉強を教えましたが、成績はどんどん下がる一方でした。さらに学校生活では、勉強だけでなく集団活動にもついていけなくなり、同級生との関係がうまくいかなくなっていきました。
学校では「いつも一人」で過ごしていたそうです。両親は対人関係がうまくいってないことには全く気づいておらず、彼のことを「いつもお友達がお家に来てくれて、どんな子とも楽しく仲良く遊んでいる明るい子」と認識していました。

六年生になり、修学旅行の荷造りをしていたときでした。彼は忘れ物がないか気になり、何度も確認し、その確認を止められず、結局、修学旅行に行けませんでした。これを機に、生活のなかであらゆる「確認」が出現し、ついには生活が破綻するまでに至ったのです。

入院後、行動観察などから、彼にＡＳＤであることは明らかで、さらに知能検査からは、平均の下程度の知能であることもわかりました。家業を継ぐのは、ほとんど不可能でした。

面会ではいつも母が『何か困っていることはない？』『欲しいものはない？』と、まるで召使いのように彼に付き従い、父はそれを傍で見守り、彼自身もそれが当たり前かのように振る舞っていました。彼の荷物はいつも決まって海外ハイブランドの箱で届けられ、おもちゃも漫画もおやつも、高級志向のものばかりが山ほど届きました。他児とはだいぶ異なっていましたが、彼は何も不思議に思わないようでした。

振り返ると、彼はもともと、外の世界で困ることがないように、失敗しないように、と母が召使いのように何でもやってくれ、自分が求めている以上のものが手に入ることが当たり前の世界で生きていました。やってもらって当たり前なので、そこに感謝の気持が芽生えることもありません。また彼は、誰とのあいだでも「やってもらう」側なので、誰かに何かをやってあげた経験がなく、人から『ありがとう』と言われる経験もなかったのです。彼が『ありがとう』が言えないのも、考えてみれば当然のことでした。

彼は謝罪もできない子でしたが、それも、謝罪さえも生まれないような表面的な友人関係しか築いてこなかったからのように思われます。彼の同級生が遊びにきていたのは、彼の家が高級ホテルのような大豪邸で、最新のゲームを思う存分できるからでした。そこには『ありがとう』『ごめんなさい』という対等な人間関係の入り込む余地はなかったのです。

『ありがとう』も『ごめんなさい』も言えず、自分の話したいことを一方的にお構いなしに話し続け、おまけに、一緒に遊んでいたって自分が勝つために平気でマイルールを発動してくる……そんなヤツと関わりたい人がいるでしょうか。彼は、世間一般からしたら、控えめに言っても「どうしようもなく嫌なヤツ」としか言いようがないのです。

主治医はカンファレンスの終盤で《この子は自分でも知ってか知らずか、これまでもこれからも孤独なんだよね》と、ふと漏らしました。次の瞬間、私は、彼とのあるやりとりを思い出しました。

それは、いつものとおり不毛なやりとりをした直後でした。私が、彼に向かって嫌気混じりに《そんなんだと、みんな離れていくよ》と言うと、彼は『別に、いつも一人だよ』と返してきたのです。その面接時には、私は彼を孤独だなんて思っておらず、「全く何を言っても響かない子だ」と思っていました。ですが、主治医の発言を聞き、響かないのは私も同じだと気づき、自分自身に心底ガッカリしたのです。

私は今まで、彼の行動や態度の一方通行性ばかり見て、彼の孤独を見ていませんでした。しかし今更ながらに、彼の行先についてどんな風に考えを巡らせても、彼の将来は「孤独」というところに行きつく気がして、どうにもならない無力感でたまらなくなりました。

ここは精神科専門病院で、子どものこころを理解しようとする専門家が揃っているから、彼のことは理解されるし許容されるけど、それでも共感的に寄り添う気持までは生まれない。これが世間一般であれば、理解すらされないし、相手にもされないだろう。修学旅行に行く直前に、彼が強迫症状を発症したのも、孤独のなか、ひとりぽつんと観光しなければならなかっただろうことへの、無意識のヘルプのサインだったのかもしれない。……でも、そうだとしても、やっぱり、私は寄り添う気にもならないだろうな。

そう考えていると、目から涙が零れました。

私が児童思春期病棟で子どもと関わっているなかで、正直、「共感」できたときや、そんな気になるときは、滅多にありませんでした。しかしあるとき突然、共感はいつも、私が考えもしなかった方向からやってくるように思います。

最初に示した中学の女の子は、方言も環境も違うなかでひとり遠い土地に入院して孤独なことは、言われてみればそのとおりだけど、私は気づきもしませんでした。あとに示した中学の男の子の場合も、主治医が彼の「孤独」に言及するまで、私は思い至りもしませんでした。共感って、難しいし、そんな気になれないときの方が多いです。また「共感的に寄り添う」ことは、こちらがしようとして叶うことではないのかな、とも感じています。

いずれにしても、私にとって「共感」や「寄り添い」がハードルが高いことに変わりはありません。

共感すること、してもらうこと――精神科病棟での経験

住 貴浩

精神科関連のテキストには、必ずと言ってよいほど「共感」や「寄り添う」という単語が出てきます。これらは精神科臨床においてそれほど重要なのだと思いますし、私自身もそれは理解しているつもりです。しかし、ここまで当たり前のように出てくると「共感すべき」「寄り添うべき」という、ある種の圧力を感じます。なぜ医療スタッフが共感することを強く要請されていて、どうすればその要請に適切に応えられるのでしょうか。今回、私の経験に基づいた創作事例をとおして、「共感」について考えたいと思います。

精神科病院という場について

精神科病院は、地域の精神科クリニックでは対応困難な、精神状態が悪化した人の入院を受け入れる役割を主に担っています。入院の経緯は、患者自身ではなく周囲が治療を望むために

強制的に入院される方もいれば、危険な行動化や希死念慮を訴えて入院を繰り返している方など、さまざまです。そのような患者に対して、患者の病状や体験を理解し、個々に合った治療を提供していきます。

精神科病院の入院治療において、もちろん入院環境の役割も大きいですが、中心的役割を果たすのは薬物療法と言えるでしょう。現代の精神科治療において多くの患者は、薬で精神症状が軽快し、退院できる状態になります。しかし強制入院の場合、病識が乏しく、「自分は病気ではないのに、なんで薬を飲まないといけないのか」と、薬の治療を拒否する患者も数多くいます。そうした場合でも、医療側が必要と判断した薬物治療はおこないますが、それと並行して医療スタッフは、患者の苦しみや不安、薬が受け入れがたい思いを聞きながら、患者が納得できる、もしくは妥協できる治療方針を検討していきます。患者の思いや考えを理解しようと努めるこのプロセスには、共感的な働きがあるのだろうと思います。

こうした背景から、入院治療では薬物治療と並んで患者の理解（共感）が重要視されています。ただ、こうした「患者を理解（共感）することは精神科治療に重要である」という認識によって、「精神科医療スタッフは共感を提供するものである」となっているように感じられます。

共感という言葉の使用法について

このような私の感覚は、「共感」という言葉の使われ方に関係しているように思います。藤山〔2003〕は、共感は私たちが主体的におこなって提供できるものではなく、それは、何かを提供された側が「わかってもらえた」と感じる瞬間を表す言葉なのだと言っています。つまり、提供できる「行為」とは捉えていません。結果的に患者が（医療スタッフに）「共感してもらえた」と感じることはあっても、医療スタッフが直接的に「共感する」ことはできないわけです。『それはつらいですね』という言葉かけそのものは、共感ではないのです。私たちが共感を行為と捉えるがゆえに、共感することがあたかも医療スタッフの業務のひとつのようになってしまっている可能性があるように感じます。（私は藤山の共感の捉え方に同意していますが、ここでは便宜上、「共感する」といった行為の表現としても使います。）

共感疲労

共感に関して、看護の世界では「共感疲労」という言葉も生まれています〔武井2001〕。これは、患者の苦痛な話を聞くことで、援助する看護師にも同じような苦痛が沸き起こり、疲労として蓄積されることを指します。そして、共感疲労（苦痛）への対処として、患者の苦痛を早く取り除こうとさらに努力するようになった結果、バーンアウトが生じると考えられています。

私が注目したいのは、この共感疲労の別の側面です。「患者への共感が生じることによる心理的疲労」だけではなく、**共感を求められる圧力による心理的疲労**もあるのではないかと思います。つまり、共感は私たちが意図的に提供できるものではないにもかかわらず、医療スタッフは共感することを求められ、その結果、疲弊していく状況があるのではないかと思うのです。

では、「共感を求められる圧力」に対して、医療スタッフはどのように対処できるのでしょうか。ここから私の臨床経験に基づいた創作事例をもとに考えたいと思います。

精神科病棟での経験

ある日、救急病棟の師長から、先日退院した患者の入院治療について病棟の看護師を集めて振り返りの場をつくってほしい、と頼まれました。依頼されたのは、三十代女性患者の入院治療についてでした。私は患者と直接関わっておらず、経過をカルテで時折確認し、病棟の看護師から話を一、二回聞いた程度でした。振り返りのために、私は看護師たちから話を聴き、カルテを見返しました。

その女性患者は、情緒不安定のために入退院を繰り返していました。彼女は家族関係の問題を抱えており、特に母親との関係で強い葛藤がありました。彼女は入院すると毎回、一部のスタッフとはとても良好な関係を築き、一部のスタッフからは冷ややかな目で見られているようでした。今回は、彼女を長年担当していた支援者が変更になったタイミングで情緒不安定となり、自傷や自殺企図のリスクが高まったため、入院しました。そのため今回の入院は、危機回避が第一の目的でした。一ヵ月後には新たな支援を受けられることが決まっており、それまで安全に過ごすことが病棟スタッフに求められていました。

彼女は入院時診察で、作業療法への参加や買い物のための看護師同伴外出をすぐにしたいと訴え、入院直後には、担当看護師を若い男性ではなく女性に変えてほしい、と訴えました。結局、入院後すぐに作業療法に参加するという希望は認められましたが、同伴外出は認められず、担当看護師も男性のままになりました。

彼女は担当になった男性看護師とはほとんど話そうとせず、『すみません、ちょっと調子が悪いので』と言ったり、笑顔で『大丈夫です。特に困ったことはありません』と言ったりして、避けていました。その一方で、彼女が話しやすい女性看護師たちには、友人関係や家族関係などいろいろな辛い体験を打ち明け、涙を流していました。担当看護師は、その状況に居心地の悪さを感じつつも、患者のことを考えて、自分は一歩引いたところから関わることに決めていました。

入院してから彼女は、食事をしなくなりました。そのことが病棟の看護師たちを悩ませました。入院前はある程度食べていたようですが、入院してからは食事を拒否し、女性看護師が粘り強く促すことで何とかジュースをコップ一杯飲む程度でした。

彼女は栄養を摂る／摂らないということで、病棟の看護師たちと駆け引きをしているようでした。状況や相手によってコロコロと変わる患者の訴えに対して、真摯に向き合うことで疲弊してしまう看護師もいれば、裏切られて傷つく看護師、患者の話に付き合っても振り回されるだけだと、始めから一定の距離をとる看護師もいました。担当看護師は距離をとられてしまい、身動きがとれなくなっていました。それでも、病棟の看護師たちはできる範囲で、患者に必要だと思う対応を懸命にしていました。

担当看護師は病棟全体で一貫した対応をした方が良いと思っていましたが、患者は事前に決めた看護方針だけでは対応しきれない即時の対応を迫ってくるため、病棟は一貫した介入ができなくなっていました。結局、食事の問題は多少続きましたが自傷や自殺企図はなく、患者の退院日となりました。

病棟の振り返りでは、看護師たちがいろいろと苦悩しながら対応していたことは伝わってきました。また、安全に一ヵ月過ごして退院するという目的は果たしたものの、何となく「これでよかったのか」という不全感も、同時に伝わってきました。私は「不全感を感じているのだから、患者に対しての不満や看護師同士の不満があるのだろうし、それがその場で話されるだろう」と思っていました。しかし看護師たちからは、戸惑いの声や、自分自身の対応に関する後悔がほとんどで、私が思っていたような話が出てくることなく終わりました。

私は正直、驚きました。私自身は、患者のカルテを読んでいるだけで苛立ったり、やるせなさを感じたりしていたのに、患者と接していた看護師たちから、なぜその感情が出てこなかったのだろうか？　なぜ率直に話し合う場にならなかったのだろうか？　と考えました。はじめは私が話しやすい雰囲気をつくれなかったからだろうと思い、落ち込んでいました。しかしそれだけでなく、率直に不満が語られない状況こそがそこに強い不満があったことの証明なのではないか、と後から思うようになりました。つまり、振り返りの場で表すことができたのは「困惑」や「後悔」という感情であって、「不満」という感情はあまりにも強すぎて、振り返りの場で表すことが私たちには難しかったのだろう、という考えに至りました。

共感すること、共感してもらうこと

このような事例は、精神科病棟では珍しくないものだろうと思います。この事例で考える必要のある点はいろいろあるのですが、今回は、病棟の看護師たちの動きに焦点を絞りたいと思います。看護師たちは一人一人が患者のことを想って、共感しようと行動しているようでした。ですが、患者のどの側面に共感しようとしていたかは、それぞれ違っていたように思います。

ある看護師は傷ついた弱々しい患者（という側面）に共感しようとしていて、ある看護師は厳しくも一貫した対応を求める患者（という側面）に共感しようとしていたのでしょう。つまり、看護師はそれぞれのかたちで患者に共感的に関わろうとしているのです。にもかかわらず、入院治療は不全感を残したまま終えています。それは、看護師たちの「共感」に一貫性が無かったことに起因しているように、私は思います。

看護師が一貫性を失った要因として、患者の「スプリッティング（分裂）」という心的（防衛）機制が働いていたことが挙げられます。事例では、男性看護師は冷たく信頼できない人（悪い人）、女性看護師は温かく見守り親身になってくれる人（良い人）、というように分けられました。このスプリッティングは、徐々に看護師どうしの交流の減少や断絶を引き起こします。「なぜあの看護師は患者に冷たい態度をとるのだろうか」「なぜあの看護師はあそこまで患者の肩を持つのか」と二分化し、患者に適切に介入することが難しくなってしまいます。この二分化による対立状態は、あからさまな言い合いという形ではなく水面下で起こり、なんとなく関係をぎくしゃくさせていることが多いかもしれません。

また、スプリッティングには、受け入れがたい感情を自分から切り離してしまうという働きもあります。振り返りの場で私たちが「不満」を共有できなかったのは、その感情を表してしまうとその場がどうなるかわからない恐怖があり、私たちのこころのなかから切り離されてしまっていたからではないかと思われます。

これらの事態を防ぐためにも病棟内でのカンファレンスは重要な意味をもつと考えられています〔狩野2002〕。高頻度で定期的に行うカンファレンスは、病棟スタッフ内にスプリッティングを引き起こす患者の治療方針を一致させ、治療構造を安定させます。

しかし、「共感」という視点で考えたとき、病棟のカンファレンスは別の重要な意味あいがあるように思います。病棟でのカンファレンスには、医療スタッフがそれぞれの役割から「共感してもらう」体験が含まれていると思うのです。

「悪い人」に分けられた（悪い人役割）スタッフは、「良い人」に分けられた（良い人役割）スタッフが患者から好かれ感謝されていることに不満を持っているかもしれませんが、良い人役割のスタッフが感じる居心地の悪さを知ることで、その不満が少しは軽減するかもしれません。反対に、良い人役割のスタッフは、悪い人役割のスタッフが好きで冷たくしているわけではないことを知ることで、不満が軽減するかもしれません。

つまり、カンファレンスを通してお互いに割り当てられている役割を知り、それぞれの役割の大変さや重要性を知ることができるのです。この体験によって、スタッフ間で率直に話し合うことの不安を軽減し、「不満」という強い感情をチームで共有する可能性が生まれます。こうした体験こそが「共感してもらう」体験なのだろうと思います。

ウィニコットは、共感に基づいた母親の世話のことを「抱えること *holding*」と表現し、母親がほどよく抱えることによって乳幼児の健康なこころや創造性が発達していくと考えました。そして彼は、母親自身がほどよく抱えられる経験を通して、乳幼児をほどよく抱えることができるようになることも指摘しています。これは「共感してもらう」体験が、他者を「共感する」体験に影響を及ぼすことを示唆していると思います。

同じように医療スタッフである私たちは、患者に共感する前に私たち自身が共感してもらう体験を必要としています。共感してもらう体験は、私たちに安心感や自信をもたらし、「共感すべき」という圧力を軽減し、柔軟で創造的な心理的援助を可能にするのでしょう。

おわりに

医療スタッフは、患者に「寄り添う」ことや「共感する」ことを陰に陽に求められます。そして私たちは、その要請に応えようと努力しますし、患者のこころのなかにそれが生じることを期待します。しかし、共感は支援を受けた側のこころのなかで生じる現象であり、私たちが共感を試みることと、患者が共感してもらえたと感じることはまた別の話です。

医療スタッフが真に患者に寄り添い、共感するためには、まず医療スタッフである私たちが寄り添われ、共感してもらう体験が重要と言えるでしょう。それは子どもが親に共感してもらうことで、そうした親を取り入れて他者のことに共感することができるようになっていくプロセスと重なります。そのような共感してもらう体験が医療スタッフには必要であり、その経験が心理的な基盤となって、患者のこころのなかに共感が生じる可能性に開かれていくのだと思います。

狩野力八郎（2002）『重症人格障害の臨床研究』金剛出版
藤山直樹（2003）「共感という罠」『精神分析という営み』岩崎学術出版社
武井麻子（2001）『感情と看護』医学書院
Winnicott, D.W. (1960)「親－乳幼児関係の理論」『成熟過程と促進的環境』岩崎学術出版社

寄り添うことと、お金——開業心理相談室

堀川聡司

職場に到着したら、まず室温を確かめます。必要なら空調を入れ、換気もしながら軽く掃除機をかけます。それから面接記録をざっと見返し、一日の流れをイメージしつつ、領収書とおつりの準備をします。

最初の呼び鈴がなるまで私は一言も話しません。というより、開業心理相談室に勤務する日は自宅を出てから帰宅するまで、クライエント以外と口を利くことはまずありません。クリニックや学校、大学で働くときにはありえないことです（私は曜日ごとに異なる場所で仕事をするフリーランス心理士です）。

開業心理相談室での仕事について何かを考える際、私はこの「クライエント以外の誰とも会わない」という特徴がまっさきに頭に浮かびます。

私が働いている開業心理相談室には、私以外にも、オーナーを含めた複数の心理士が別の曜日に臨床をしています。そのような現場を経験している心理士の立場から、本書のテーマにつ

いて考えていきたいと思います。

開業臨床における寄り添うこと

私の個人的な感触では、開業心理相談室での臨床は、総じて「クライエントに寄り添いやすい」と言えます。

その要因として、所属組織のしがらみの少なさがまず挙げられるでしょう。もちろん、どんな現場でもクライエントの話を聞き、その世界に思いを馳せることに注力します。それでも、例えばスクールカウンセラーをしているときであれば、他の児童からの情報や先生方の意向が多少なりとも頭をよぎります。複数の支援者でクライエントを支える現場に比べ、開業心理相談室では、一人で抱えている、という感覚が強いため、その世界に没入しやすいのです。

カウンセリングなり心理療法なりに理解のある来談者が多い点も、大きな要因です。心理学関連の著作を読まれている方も少なくないので、こころについて前提が共有されているように感じることがあります（もっと言えば「同じ文化圏に生きている」という感触をもてることが少なくありません）。いわゆる「サイコロジカルマインド」があり、こころに関する話し合いがしやすく、また、私たちの専門性が理解され、尊重されていると感じることも多いです。

その上で、決して安くない面接料を毎回払うことを決断してくださっているので、自身が置かれている状況を深刻にとらえておられ、それに取り組む動機づけもおおむね高いと言えます。そういう真剣さに対しては、こちらも自ずと敬意が湧くものですし、力になりたい、寄りたいと思うものです。

私の実践の大半は、広義の「支持的心理療法」ですので、自然と寄り添える点は、間違いなく大きなアドバンテージになります。治療者との良好な関係は、日常で起きていることや過去の経験について語り合う上で、ひとつの安全基地として機能するからです。

しかし、そうやすやすとうまくいかないのがこの仕事です。こと開業心理相談室に関して言えば、やはり「クライエントを抱える環境が脆弱」である点が、度外視できません。学校や病院で働いているときは、その機関の一スタッフという自覚がありますので、大きな存在に守られている感覚をもてます。もちろん、開業心理相談室もひとつの機関ですし、他のスタッフの存在に支えられているのも事実ですが、組織としての強度がまったく違います。これは先述の「組織のしがらみの少なさ」の裏面でしょう。

そのあたりの肌感覚は小泉〔2012〕がヴィヴィッドに描写しているとおりです（精神科病院の玄関先で元やくざの親分が日本刀を振りかざし怒鳴っていた時よりも、開業相談室でナイフを持って絶望感を語る青年と対峙した時の方が、はるかに恐怖に戦慄したようです）。病院臨床などであれば構造的に組織全体に分散される転移も、開業臨床だとセラピストが一手にそれを引き受けねばならないのです。

私は以前、「転移ガス」、「転移バルブ」という造語を用いて、やみくもに転移を発生させないようにする技法を論じたことがありましたが〔堀川2022〕、それらはすべて開業心理相談室の経験に基づいています。とはいえ、実際には意のままに転移の発生具合を操れることなどできるわけもなく、予期せぬ展開が待ち受けていることも少なくありません。

ここで、それこそ「共感しようもない」と思うに至ったひとつの事例を提示したいと思います。事例と言っても、複数の経験に基づいて私が大いに手を加えた創作ストーリーであることはご留意ください。

事例　金色夜叉

その人は、度重なる喪失、裏切り、被害を幼少期より断続的に経験してきた女性でした。繰り返される悲劇から彼女が辿りついた結論は、ずばり「人は信用ならない」。これは全般的な人間不信ではなく、社交性や親密性に伴う人間関係の忌々しさを徹底的に避けるという生き方で、そして、その代替として兎にも角にもお金を稼ぐことで実行されていました。

彼女の働きぶりや金融的才覚は相当なもので、おそらく平均的な市民は目にすることがないような資産を早々に手にしたそうです。みずからを「金色夜叉」と呼んで憚らない彼女は「お金は裏切らない」といつも自分に言い聞かせていました。

そんな彼女も初老期に差し掛かった頃、仕事上のある達成が叶ったのに加え、確執のあった実家との関係にも少し変化があったのをきっかけに、自分が忌避し続けてきたものに「そろそろ向き合ってもいいだろう」と思うようになりました。そこで私が勤める開業心理相談室の門を叩いたのでした。

トラウマの「清算」をしたい、と当初より希望していた彼女の口から語られるエピソードは、それはそれは悲痛なものばかりでした。「もし自分の身にもこんなことが起きたとしたら……」

と考えると、そのつらさに共感させられずにはいられませんでした。彼女自身もずっと、こういう場を求めていたようで、カウンセリングの時間をとても大切にしていました。穏やかな陽性の関係が序盤から築かれたと思えました。

双方の事情もあって、低頻度設定での面接でしたが、事態は半年も経たないうちに一変しました。「悪性の」と形容したくなるような陽性の転移関係が急速に発展したのです。ある日、彼女は、改まった様子で『本当の恋愛をしてなかったことに気づいた』『カウンセリングは今日で終わりにして、外で会ってほしい』と私に告げてきたのです。

ここまでの想いを彼女がもっているとは予見していませんでした。知らぬ間に「転移ガス」が大量に漏れ出ていたのです。とはいえ、彼女は、誰かを好きになったり、誰かに依存したりすることが破壊的な結末を招くと、繰り返し思い知らされてきた女性です。長年、封印してきた情緒的生活を開き始め、私との関係のなかで恋愛感情を抱くという流れは十分に理解できるものでした。ですから、そうした強い思いを私に抱く背景やこころの動きについての解釈や、外的設定の説明に努めるようにしました。この時点では、私はセラピストとしてまだそれなりに機能していたでしょう。

しかし、彼女の「外で会いたい」コールは収まるどころか、エスカレートしていくばかりでした。面接は私のプライベートを尋ねる質問と求愛表現で埋め尽くされ、私はどんどん息苦しくなっていきました。侵入されているという感覚は、面接の枠を超え、日常にまで及びました。

開業臨床とは、患者がいつでもストーカーになりえるという生々しさのなかでやるものだ、と語っていた藤山〔2012〕の言葉を思い出しました。実際に、相談室の出入口は一つですし、私の退勤を待つために身を隠せそうな場所はいくらでもあります。こっそり後をつけられたら、その日のうちに自宅が特定されてしまうでしょう。私は以前、生活圏にかなり近い学区のスクールカウンセラーをしていた経験がありますが、そのときとは次元の違う恐怖に怯えました。「探偵　尾行　まく」などとネット検索するほどに狂い始めていました。

狂恋の猛射を浴びる期間はしばらく続きました。彼女の想いを「足蹴にする」ことはできないものの、かといって共感的に寄り添うなんて出来るはずもない、という窒息しそうなほどいきづまった状態に陥りました。

その後の経過と勘定空想

この恋愛性転移の様相は、時間の経過とともに落ち着いていきました。要因は多々あるでしょうが、そのほとんどは、彼女自身がもてる心理的なポテンシャルによるものだと考えています。彼女は私との押し問答のなかで、それまで実感することのなかった情緒や欲望、欲動、そして幻滅を味わったことでしょう。私がやったことといえば、上述したような設定の再確認と、私なりの洞察を伝えたことくらいです。鋭敏で示唆深い解釈によって荒れ狂う転移が静まったわけではありません。「共感的に寄り添う」という態度でもなかったでしょう。ただ、少なくとも、かつて彼女に関わった人達がしたような、彼女を遠ざけて見捨てることはしませんでした。

さて、この一連の経過を検証することは別の機会に譲るとして、この時期に私を捉えて離さなかった、ひとつの空想を紹介したいと思います。

それは何度も頭によぎっていたもので、特に、彼女からの熱い想いを受け止められず、思考が停止しているときに生じがちでした。私はそういうとき決まって、その日、その月の売り上げや利潤を頭のなかで計算していました。それもひとたび解が得られても終わらず、何度も何度も、足し算だけでしたり、掛け算を使ったり、筆算あるいはそろばんのイメージを使ったりと、さまざまな方法を駆使して強迫的に繰り返していたのです。クライエントの話を聞きながら、金勘定をしているなんて、何ということでしょう?!「記憶なく、欲望なく」とは程遠いものです。

火急の場であるにもかかわらずこういうことが辞められないのは、「自分が性根の曲がった卑しい人間ゆえ」と当初は思っていました。しかし、「彼女自身がお金だけを頼りに生きてきた人なので、その孤独な対象関係が私のこころのなかにも棲みついたのだろうか……」とも考えました。実際、この空想によって私が持ちこたえていたのも事実です。彼女がお金を稼ぐことを通じて社会とつながっていたように、私もこの勘定空想で辛うじて、彼女とつながっていたのです。貨幣とは、人類が発明したもののなかで最も交換可能性の高いものではなかったでしょうか。

開業心理相談室とお金

セラピストが窮状に陥る時、改めてその意義を痛感するのが「設定」です。設定には、時間、空間、面接料金に関わる〈外的設定〉と、治療者の態度に関する〈内的設定〉がありますが、それらを一定にしつらえることにより、治療関係を安定したものにします（さらに、分析的な過程を生成すると考えられています）。濃厚な二者関係が危険なものとなりえることを黎明期より知っていた精神分析の知恵の結晶です。

設定とは、常に遵守せねばならない金科玉条というわけではありません。むしろ、それじたいが揺さぶられる瞬間にこそ、そのケースの勘所が出現するという考え方があります〔Winnicott 1954〕。この症例では、外的設定も内的設定が揺るがされていました。彼女は面接室の外で会おうとしましたし、私はセラピストとしての態度や機能を、ほぼ失いかけていました。

面接料金は、ここで極めて重要な役割を果たしていました。繰り返しになりますが、開業心理相談室は、機関として器が小さく脆弱ですので、クライエントから直接手渡される面接料金という外的設定の存在が、相対的に大きくなるはずです。また、栗原〔2011〕も述べるように、面接関係の一線を越えようとしかねない幻想（一体幻想）から現実に引き戻す機能も果たしていたでしょう。誰もいない職場で自分ひとりでは抱えられないと切迫するときには、自分の生活を支え、セラピストとしての立場を明示してくれる「お金」の存在にすがりたくなってしまったのかもしれません。

前述の「勘定空想」のことを同業者に相談してみたところ、面接中にそういうことを考えている人は結構いるらしいことを知りました。私を含め、開業臨床、自費面接を実施している臨床家、とりわけ全収入に占めるその割合が大きい臨床家に、顕著な空想のようです。反面、定額の給与所得がある臨床家は、そんなことは考えだにしないと言います。私自身、常勤職の時代はそうでした。

考えてみれば、医療なり行政なりの後ろ盾がまったくない開業心理相談室は、市場経済の一番近くにいる臨床現場です。そして、開業心理相談室での利益が主だった収入源のフリーランスの心理士は、「成功するかは個人の実力と運次第、失敗したら自己責任」という新自由主義的な空気のなか仕事をすることを余儀なくされます。相談室の経営者や開業臨床だけの収入で生計を立てている臨床家であればなおさらでしょう。

おわりに

開業心理相談室は、他の設定と比較して、個と個が出会いやすくしてくれる場です。「孤独」と「孤独」の出会い、と言えるかもしれません。

文字どおりの孤独ではないかもしれませんが、クライエントが持ち込んでくる相談内容は極めてプライベートですし、家族や知人に内緒で来る場合も少なくありません。セラピストの方も「一人職場で孤独に仕事をしている」という感覚を持たされます。こういう状況は、心理療法の実践にふさわしい、クライエントの話を聞いて寄り添うのに適した環境となります。フロイトを筆頭に数多くの臨床家がこのスタイルを選択してきたのも頷けます。

ただし、両者が生身の個として出会うということは、その人の生々しい情緒を、薄い守りで受け止めねばならないことを意味します。「転移バルブ」の調節が難しいので、「転移ガス」が漏れ出やすい宿命にあるのです。

この小論で私が示したのは、開業臨床におけるお金の存在感の大きさです。私は事例のような経験を通じて、「抱えきるのが難しい」、「共感しようもない」という状況に陥った際に、自らを支えている経済的部分を痛く意識しました。

もちろん、普段エアコンの設定温度のことを思い出さないのと同じように、面接中に売り上げのことは考えないものでしょう。ですので、こうした「勘定空想」にまみれているとき、セラピストはクライエントの「感情転移」に大いにさらされた危機状態にある、という可能性に目を向けてもいいかもしれません。

藤山直樹・伊藤絵美（2016）『認知行動療法と精神分析が出会ったら——こころの臨床達人対談』岩崎学術出版社
堀川聡司（2022）「転移」臨床心理学22(5)
小泉規実男（2012）「来談者から持ち込まれるもの、面接者から持ち込まれるもの、肥大し朽ちていくもの」渡辺雄三・亀井敏彦・小泉規実男（2012）『開業臨床心理士の仕事場』金剛出版
栗原和彦（2011）『心理療法家の開業』遠見書房
Winnicott, D.W. (1954) Metapsychological and clinical aspects of regression within the psychoanalytical set-up. 北山修監訳（2005）「精神分析的設定内での退行のメタサイコロジカルで臨床的な側面」『小児医学から精神分析へ』岩崎学術出版社

どうしたってうまく繋がれないのかな——リエゾン領域の場合でも

近藤麻衣

私は、リエゾン領域の心理師として、身体疾患に罹患したことにより、精神的不調をきたした患者さんとの関わりを日常臨床としています。

リエゾン精神医学とは、医師・公認心理師（臨床心理士）などの精神医療の専門家が、ほかの診療科とさらに広義には教育・行政・福祉などと連携しながら、ひとつのチームとして総合的な医療を提供することです。ちなみにリエゾンとは、フランス語で「連携・つなぐ」を意味する言葉ですね。

私は、これまでに研修会や事例検討会で、「身体科リエゾン領域の患者さんは、基本的にこころの健康度の高い人が、身体の病気に罹患したことでこころの不調をきたすため、その心理支援をおこなう。もともとのこころの健康度は高いため、精神科医療とは心理師の役割が違う」と聞いたことがありました。

実際はどうでしょうか。

病院の機能により患者さん層は異なると思いますが、私が臨床場面で関わる方で、こころの健康度の高い患者さんはそれほど多くない印象も受けています。確かに病気になる前までは、さまざまな社会的な役割を担いながら生活を送り、精神科受診もせずに過ごしていた方が多くを占めています。なかには、家族関係も良好で、造血幹細胞移植等の命がけの治療も主科・病棟スタッフ、家族や友人のサポートで乗り切られている方もいます。ですが、そういった方々ばかりでもないと感じながら、日々、臨床をおこなっています。

いくつかの事例を組み合わせた仮想事例を挙げてみたいと思います。

ある七十代男性の場合

『医療者に対するネガティブな発言が多く、寄り添いにくい患者さんがいるので、また心理師さんに来てほしいというのですが……』と申し訳なさそうな声で、病棟スタッフから介入依頼がありました。――『うーん……またか……』。以前にも一度ＩＣ（インフォームド・コンセント）に同席したことがある方の件でした。

概要は次のとおり。舌癌、ステージⅢ。がんの診断後、化学療法と原発巣の手術。術後の補助療法を施行。術創部の治りの悪さがあり、入院は長期化。術後は、話しにくさがあり、医療スタッフとのコミュニケーションは筆談が主でしたが、困難を極めていました。もともと食事が好きな方であり、固形物の経口摂取が困難になった状況に対して、Ｅさんは『下手クソな手術をするからこうなった』『俺の人生返してくれ！』などと毎日回診では怒り、叫んでいたそうです。主科・病棟はEさんの怒りに対して、トータルペイン（全人的苦痛）の視点で支持的に関わっていましたが、Eさんの怒りは突発的で、時には激しく激昂する態度も見られたため、共感的に関わり続けることは難しかったようです。

次第に、スタッフがEさんに関わることへの恐怖感が強くなり、Eさんとのあいだでディスコミュニケーションが頻回に起きるようになりました。スタッフの疲弊が著しく、手術のICに第三者的な立場で私も同席し、話し合いを活性化するように依頼があったことがきっかけで一度お会いしていました。Eさんと医療者との距離感が遠く、Eさんの言いたいことがよく伝わらない様子であったため、ときどき私がEさんの言いたいことを要約して言葉にして参加していました。すると、『心理師さんはよくわかってくれてますね。また来てくださいよ』と穏やかな表情で返答された。ですが私は、人として気持を理解してもらえそうという期待感からの発言というよりも、通訳機のように求められている感覚になり、億劫な気持になったことを覚えています。

それから三ヵ月ほど経過し、「入院が長期化しており、本人がストレス対処法について話したいといっている」と介入依頼があり、ちょっと億劫な気持を抱えながらも、訪問することになりました。

Eさんのニーズとしては、「入院が長期になっており、これまでやってきた気分転換が通用しない。現状を乗り越えるなんてことを考えたら途方に暮れてしまう。ストレス発散方法を一緒に考えてほしい」という話で、病棟スタッフにも同様のことを相談してきたようですが、私には他の提案を期待されていました。

『何を試してもイライラが治らない』と話されていました。私はEさんの抱えるイライラの根底には、病気を罹患したことへの苦悩があると考えていたため、イライラをなくすことは難しいのだろう、と思いながら聞いていました。そして、もともと好きだったことや大切にしているものはなんだろう? と考え、話題を挙げると表情は穏やかになり、趣味のお話をしてくださりましたが、面談の最後には『自分の楽しみがなくなった。何をしても楽しくない』と呟いていました。

二回目の面談では、筆談ではなく、早口で勢いよく、怒りながらお話されていました。どういった話をされているのか把握できず、繰り返し聴きなおしていたところ、『ぜんぜん話が通じないな!』と、急に激高され、ノートとバインダーを放り投げ始め、しまいには鉛筆も投げつけられました。思うようにならないからといって、暴れ散らかすなんて、いい歳した大人が大人気ない、と呆れた気持が強くなりながら、私は《Eさんのお話されていることを理解したいので、ついつい質問をしてしまいました。あまり大きな音を出されたり、物を投げられては、落ち着いてEさんの話を聴くことができません。やめてください》と伝えると、みずから放り投げたものを拾いながら、落ち着いていかれて、『もう半年も入院している……。こんなはずじゃなかった。癌になって、病気になって今の状況になっている。メンタルが持たないから、トータルでみてほしい』と話されました。Eさんの言い分もわかるのですが、医療スタッフがトータルでみようとすでに手を尽くしてEさんに関わっていることも、私は十分に承知していたので、なんともしがたい現状に途方に暮れる気持ちになりました。

三回目では、Eさんは、昔から喧嘩っ早いところがあり、喧嘩をしては、また次の権力者を見つけて参謀になっていたことが語られました。居住地も点々としており、どこかに戻って来られる愛着のある場所がないように感じました。「妻と旅行に行きたい」とお話しされていたのですが、妻との思い出話もあまり話題に挙がらず、人との関係の希薄さも感じました。病気の治療中はあちこちと点々とすることはできず、もしかしたらEさんにとっては初めて、喧嘩しながらも、その場に留まらなくてはならない状況になったのかもしれないと思いました。さらに、この病気を通した医療との関わりも、Eさんが続けたいと努力しているというよりも、命を握られているため、仕方なく離れられない関係性のようにも思われました。そう想像すると、かなり窮屈で苦痛な世界に生きているのだろうと感じました。

ですが、面談中も、次第にイライラが募ってきたようで、『気持をわかってくれるんだったら、その先がほしい。もうどうにかしてほしい。ほかには何も手がないのか？　だったら、話していても時間の無駄。心理師に三回も話をしたけど、状況はなーんにも変わらない。もうやめましょ！』というEさんの判断によって、心理面談はいきなり打ち切られました。私は「つらい気持は理解したいと思うけれど、その気持の処理をどうするかはあなた自身の問題なので、Eさんが言ったセリフは、こっちのセリフです」と、内心Eさんに非常に腹が立ちました。

一方で、主科・病棟・患者の輪のなかにうまく私が馴染めなかった気持も残り、『すみません。Eさんから「心理士は役に立たない」と言われたので、面談はやめることになりました』とスタッフに声掛けしました。また、『共感できるところは聴き、できないところは「できない」とはっきりお伝えする、今のケアを継続していただけると良いと思います』と、病棟スタッフと考えを共有して病棟を後にしました。

ある四十代女性の場合

「肺がん stage I、診断後、手術を施行術後経過は良好。しかし、術前より肺がん再発に対する不安が強く、術後は呼吸器外科通院に加えて、保険診療外の免疫機能を高める治療を受けたいとの希望あり。術後の経過は良好だが、本人の不安は消えないようで……」と、医師から心理師に介入依頼がありました。カルテをみると、不安が強く、落ち着かない様子であることが覗えました。

患者さんに会う前に担当看護師にも様子について伺いました。「不安で一杯な人。当然の状況でもあるし、もともと不安なことがあると『誰かに話を聴いてほしい』というところがあるみたい」とのこと。さらに担当看護師からは、「不安について適宜傾聴していると、落ち着いていかれる様子もあるのだが、病理の結果までは待ちの時間になるため、今後も不安は尽きないだろう」と教えてもらいました。

焦燥感が強く精神科受診を勧める可能性も念頭にいれながら、ベッドサイドへ訪問すると、カルテ記載内容と比べると、落ち着いた様子で話されていましたが、お話される内容と表情や雰囲気が、どこかちぐはぐな印象を受けました。『わたしは「もしも」に備えて悪い方、悪い方に考えてしまうところがある。備えておかないと衝撃が大きくなるタイプ』と教えてくださいました。また、『もし、もう片方の肺にも結節があると言われたら？　……だって入院前よりも動けなくなっている……』と話されており、「もしも」の可能性に備えて衝撃を和らげるためにお話されているのだろうと考えながら、私は《術直後であるため、入院前より動けなくなっているのは当然のこと。しかし、術後、ドレーンや点滴が抜けているのも事実。しばらくは動きにくさや痛みもあるかもしれないが、確実に、日に日によくなってきている証拠ではないか》と、事実をお伝えしました。すると、表情もゆるみ『仕事は学校教諭。子どものこころに寄り添いたくてなった。元気になって子どものサポートをしていたいと思う』と笑顔で話されていた。

ですが、どこか、表面的であり、一時的に不安が軽減し、表情も緩んでいたようにも思いましたが、私がその場を離れた後の不安の再燃は、容易に予想できる気がしました。なぜなら、ご自身で今起きている事実（今回であれば、術後、日に日に状態が落ち着いてきていること）を理解して、受け止めることが難しそうだったからです。そのため、主治医とこの不安はなくならないと思うので、もし医師が説明する機会があれば、落ち着いて聞けるような環境調整と、毅然とした態度で接する必要性について話し合いました。

その後の外来受診時も「再発するのではないか」という不安の増大があり、社会復帰は困難さを極め、精神科受診を必要としました。また、外来受診時は担当医への確認行動が多くみられ、やや言い合いになってしまう場面も多くなってきたため、私が再度介入することとなりました。「子どものこころに寄り添いたい。子どものサポートがしたい」気持と裏腹に、どこか、社会と付き合いにくい特質があるのかなと思いながら、話を聞いていました。

ある十代女子の場合

白血病のため、約一年程度のクリーンルーム内での化学療法を施行。学生生活は長く寮生活を送っており、家族から見た本人は「何を考えているのかよくわからない」とのことでした。治療にも学業にも意欲的で優等生のようでしたが、好きなものやこれまで頑張ってきたことなどを尋ねると、はっきりした答えはなく、どこか内面的に空虚な感じを受けました。もし、治療がうまくいかなかったときや、予想していなかったことが起きたとき、どうなるのだろうと私は勝手に心配していました。何事もなく進む治療経過でしたが、私の気がかりは変わることがなく、いつもどこか心許ない気持でお会いしていました。この私の気がかりは、関係するスタッフにも小出しに共有していきました。

ある日、治療中に化学療法の副作用で脳症を発症。脳症の発症時の記憶は鮮明に残っており、意思疎通が困難になる感覚、自身の身体が思うように動かなくなっていく苦痛な感覚もはっきりと記憶されていました。そのときの恐怖感は、医療者が想像している以上に強くあり、本人が話されるタイミングに医師、看護師、チャイルド・ライフ・スペシャリスト、心理師の私など、多職種で丁寧に聞いてサポートしていました。

ですが、その後、PTSD様の症状を呈し、人が変わってしまったかのような状態となりました。すなわち、いかに自分が孤独な生活を送っていたか、いかに周りの人が自分の気持を理解して関わってくれないか、などを勢いよく語られ、誇大妄想や不安・焦燥感が強くなったのです。対応した私は、彼女のあまりの変わりように「ついにその時が来たか……」と思いながらも、その場で呆然とするしかなく、気がつくとかなりの時間が経っていました。彼女の孤独に対して『そうだよね』『辛かったね』と言えたらよかったのかもしれませんですが、捲し立てるように他責的にお話しされていましたので、聞いているこちら側には、とてもそんな余裕もなく、そんな気持にもなれませんでした。その後、精神科受診となり、抗精神病薬が処方されました。

治療中に学校を卒業することはできましたが、治療に専念したいと、進学や就職はせず、自宅に引きこもる生活を送っていました。医療者カンファレンスでは、入院中、彼女は『一人で、さみしい』と言っていたので、親が付き添っていたら違っていたのではないか、と議論になりました。ですが、親とのあいだに繋がれない愛着形成の課題があるようにも思われたため、もし付き添っていたとしても精神症状のコントロールに限界があったかもしれないと、私は無力感を覚えながら、カンファレンスの場に参加しているほかありませんでした。

易怒性が強くケアに入りにくいケース、不安・焦燥感が強く援助者側の苛立ちが強くなるケース、優等生のメンタルが破綻するケースなどを経験してきました。

リエゾン現場は、生死に直結する話題が飛び交い、患者さんにとって予期せぬタイミングで苦痛な現実に直面させられてしまう場面も多くあります。もちろん誰にとっても、生死にかかわる状況では、不安が増し、こころの健康度が下がるものです。ですが、逆に言えば、そういうときにこそ、その方たちの「人と繋がろうとする愛着の強さ」が試されるようにも思うのです。

愛着の絆の強い方とは、入院中も共感に基づく協力的な関係が形成されやすいですが、そうでない場合は、私たち援助者も、「どうしたってうまく繋がれないのかな」と、みずからの非力を痛感することも日常的です。これは、リエゾン領域、精神科領域関わらない視点なのかなと思います。

リエゾン現場でも、人と共感性に基づいて関われることとって、とっても難しいのがデフォルトのような気がしています。

共感的に関わる……寄り添うって難しい、というのが実感です。

痛む思いを想像しながら
――産業保健領域における実践

若松亜矢

私は精神科医として診療すると同時に、産業医として「働く人のこころの健康」に携わってきました。今回、働く人のこころの健康に関わっている方々〔以下、援助者〕に、なんらかの手助けになればと、精神科主治医〔以下、主治医〕そして産業医としての私の体験を言葉にしてみたいと思います。

私は主治医として患者を診ているときも「産業医であればこう考えるだろう」と、産業医として従業員を診ているときも「主治医はこう考えるだろう」と、想像しながら仕事をしています。主治医と産業医には次のような違いがあります。主治医は患者の治療をし、日常生活を送れるようにすることが方向性であるのに対し、産業医は精神疾患を抱えている人だけでなく、健やかに働いている人を含めたすべての従業員を対象に、こころの健康を保持増進すること、従業員が職場に適応し働き続けるようにすることが方向性となります。医療と産業保健、それぞれの立場の違いをイメージしながら読んで頂けたらと思います。

共感、もしくは寄り添うこと

メンタルヘルスの対応マニュアルには「共感的に聴く」（さらに「粛々と対応する」とも記載されていきます）といった言葉が繰り返し記載されています。

「共感」とは、「相手の立場になって感じたり考えたりする」「相手の気持に寄り添う」などの意味として多用されています。自分も似たような経験をしていると、相手の気持に共感し（寄り添い）やすいかもしれませんが、似たような経験をしていることは、そう頻繁にありません。壮絶な経験をした患者さんの話を聴いて、その悲しみがあまりにも深く、私自身の想像ではとても追いつかない状況と、無力さや絶望を感じることもありました。しかしその無力感や絶望感こそが、その患者さんの抱えている感情と近い感情であり、結果的に「共感的」であったと考察されることもありました。

ある診察で、愛着の問題を抱えた十代の患者から『わたしは先生にもっと共感してもらいたいのです』と言われました。一生懸命に話を聴いていたつもりだったのですが、診察の度に『わたしをまったく理解してくれない』と、周囲に不満を伝えていました。患者のいう「共感」について、母親の胎内にいたときにしか母親と共にいることを実感できなかった患者を想像した私は、「私と一心同体になって欲しい」というメッセージではないかと考え、その理解とともに、面接の度に私と「違う」ことに絶望的な気持が繰り返されてきたのだろうと伝えると、患者は少し驚いた様子で頷きました。その面接以降、ぎこちなく緊張感のあった診察の場が、少し和やかな雰囲気になりました。患者の気持に少しだけ「共感」できたのかもしれません。

「共感」は学派を問わず心理療法で強調される言葉のひとつであり、定義もさまざまですが、「一心同体」とは異なります。本当に自分が相手の気持と同じように感じるということがあるのだろうか、わかろうとすればするほど、その限界、私と相手が別の存在であることを認識させられる。つまり、共感的でありたいと考えながら、共感の難しさを充分に認識していることが、面接の姿勢として最も大切であると考えます。

多くの従業員は「共感してもらいたい」と、援助者のもとに訪れるのではないでしょうか。実際に、産業医をはじめとした産業保健スタッフや職場の上司などの援助者は、こころ優しい人、相手の気持に寄り添いたい、共感的でありたいと思っている方が多く含まれています。しかし、相手に共感しようとするあまり、対応に苦慮してしまう、そんな経験はないでしょうか。それでは……「粛々と」対応すればよかったのでしょうか？　私が主治医や産業医として関わった事例をもとに考えてみたいと思います。

事例Ｆ

休職中の三十代男性Ｆが、母親に付き添われて私の外来を受診しました。産業医からの手紙には、Ｆの経過とともに、男性主治医の言動に畏縮して自身の想いを語ることができず、女性主治医への変更を希望していることが記載されていました。

家庭では、厳格な父親が「甘えている」「働け」などとＦを叱責するため、父親と顔を合わせないように過ごし、Ｆの身の回りのことは母親が世話をしていました。職場での仕事の能率は低く、それを注意する上司に対してパワハラを受けたと被害的に受け取り、体調不良を訴えて欠勤することが繰り返されていました。うつ病の診断で抗うつ薬が調整されていましたが効果はありませんでした。産業医は女性で、手紙の内容からも、Ｆの気持に寄り添い、誠実に対応をしている様子が伝わってきました。

母親との密着した関係があり、誠実で優しい産業医を含めて私は「三人目の母親」としての役割を期待されているように感じました。男性に対する恐怖が強く、上司の助言や励ましは、叱責・非難・攻撃として捉えられ、職場はＦにとって迫害的な世界となっていました。

休職期間の満了が近づくなか、Ｆの不安は高まり、希死念慮を訴えるようになりました。産業医にも「死にたい、上司を傷つけたい」などと訴えては面談を希望し、飲酒した状態で電話をかけることもありました。産業医は丁寧に対応し、Ｆとの面談の度に産業医から私に電話が入るようになりました。産業医と連携を密にとることについてＦに許可を得た私は、産業医に、面接をオンデマンドでおこなっている状況を見直すよう助言しました（「二週に一回三〇分」などと面接の頻度や時間を決めることを構造化と呼びます）。また、自傷や他害の危険性を感じた場合には、私や家族だけでなく、場合によっては警察に対応をゆだねるよう助言しました。また、そのような言動が続く限り、復職は許可できず、治療に専念し体調を回復させて欲しいことを、Ｆと家族に明確に伝えるよう助言しました。

一方、私は《ここまで親身になってくれている職場は見たことがありません。でも、「死にたい、傷つけたい」なんて言っている状態では、とても復職できませんよね》と伝え、Fの知的能力から、ストレスがかかった際に言語化できず衝動的な行動や身体症状として現れやすいことを説明し、《Fの言動は理解できるものの、職場を困らせるような行動はいけない》と繰り返し伝えました。怖い父親にも過保護な母親にもならないようにFに接することをこころがけながら、復職に向けて生活リズムを確立し、日中は図書館に通所するよう助言しました。

このようなとき、主治医としての役割は、職場に対する被害感情をやわらげること、そして、退職したとしても、福祉支援を含めた色々な選択肢があることなどを話し合い、その人の視野を広げることだと思っています。そして、退職後もその人の人生に付き合う準備があることを示すことが、なにより大切だと考えています。

産業医をはじめとした産業保健スタッフは、Fの気持に寄り添いながら時間をかけて熱心に、まさに共感的に話を聴いていたように思います。しかしそれにより本人が依存的になり、更なる関係を求め、職場を巻き込み疲弊させ、ついには職場が本人を突き放してしまう、といった事態が引き起こされることに、注意をしなくてはいけません。

援助者は「支援したい」との気持が優先し、本人に寄り添うあまり事態を悪化させてしまうことがあることを、こころに留めなくてはいけません。限りなく援助をすることは不可能であり、「職場としてできる配慮にも限界がある」ことを本人にきちんと伝えることが必要です。特に、自傷行為や迷惑行為などの問題行動を認めた場合には、出勤停止、休職、受診干渉、家族への連絡、主治医を含めた医療機関や警察への連絡が必要となることもあるでしょう。

その問題行動の背景にある本人の気持に寄り添うことも大切ですが、「ダメなものはダメ」と伝えること（限界設定と呼びます）は、より大切であると考えます。これらの、面接の構造化や限界設定という技法は、「粛々と」に該当すると私は考えます。私の産業保健分野における「粛々と」とは、「規則に沿って」という言葉が最も近い表現だと思います。さらに、その規則については、事前に説明したり話し合っておくことが望ましいと考えます。

事例G

産業医として駆け出しの頃に、体調不良を理由に業務量を軽減してほしいと希望した従業員Gがいました。「配慮」が長期化するなかで、「これ以上の配慮は難しい」と伝えなくてはならないことがありました。その面接で、低い評価を不当と訴えたGに対して、職場として公平性に配慮する必要があるのだろうと伝えた私を、Gは強く非難し「障がい者に理解のある職場を求める」といった抗議のメールを職場に送りました。

本人の訴えに寄り添うあまり、配慮を重ね、これ以上難しいといったところまで追いつめられる。また、「いつまでこの配慮が続くのか」といった周囲の疲労や苛立ちも生んでしまう、そんな悪循環を引き起こしてしまったのです。もう少し上手く対応できなかっただろうかと、私にとって反省すべき事例です。

「配慮」については、事業者による合理的配慮が義務化されるなか、障害をもつ従業員に対して職場には柔軟な対応が検討される一方、配慮が妥当かどうか、いつまで、どこまで配慮するか、その話し合いのプロセスを含めて規則に沿っておこなわれなくてはいけません。当たり前のことですが、職場は働く場所であり、従業員は職場に貢献して給与をもらい自立した生活をする、その現実に視点を据えて、未来につなげていく姿勢が必要です。職場にできる「配慮」には限りがあり、働くことができないのであれば治療に専念する、といった限界設定や、診断書の提出や障がい者手帳の取得の必要性を含めて、事前に説明しておく必要があります。

事例H

ある面接で、休職を繰り返す従業員Hに対して、歯に衣着せずものを言う人事労務担当者が「このままではクビですよ!」と伝えました。それ以降、日中も臥床しがちで無気力であったHの姿勢が一八〇度変わり、出社時刻どおりに起床し、図書館通所をするようになり、復職に至った、といった事例を経験しました。このとき私は面接に同席していました。人事労務担当者がHに話をすることを事前に知らされていたのですが、正直「クビ」という言葉を使うとは思わなかったので驚きましたし、過度なプレッシャーにならないかと心配もしましたが、Hの表情が引き締まり、明らかにHの意志が変化したことを感じました。その後のフォローは特に慎重におこないました。このように、本人をとりまく人が役割分担を認識して本人を支援していく、そんなチームワークも必要だと思っています。

Fの事例に戻ります。会社の提示した最低限の復職条件をなんとか満たしたFは復職しました。しかし欠勤が続き退職となりました。この「復職可能」の判断に関しても様々な意見があると思います。復職には主治医の判断の上に、産業医の更なる判断が必要です。Fに関して、産業医の立場からすると、主治医が「復職不可」と判断してくれたら良いのに、と思っていたかもしれません。退職後も主治医としてFと歩んでいくという覚悟のもと、最後に一度復職してみなさいという私の提案は、直面化（自身が避けている問題や気づきたくない感情を明確にして、問題解決に対する洞察を高めることを意味します。私は、職場ではなく、F自身の問題であることにFが目を向けて欲しいと考えました）という技法といえます。

復職の可否について、産業医と主治医の意見が異なる場合もあるでしょう。主治医の復職可能の判断は、病状の回復がその職場で求められる業務遂行能力まで回復しているかどうか、といった視点は充分とはいえず、本人や家族の希望が含まれている場合もあります。私自身も、休職期間の満了が近づき、最低限の条件、たとえば生活リズムの維持や日中の図書館通所が継続できていることを確認し、また、復職に対する準備が不十分であることを認識したうえで、本人や家族と話し合った末に復職可能と判断することがありました。その背景には、本人や家族が納得して退職できるように、との私の想いがあります。私の判断に対して、職場の産業医がその職場で求められる業務遂行能力まで回復していないとして、復職不可と判断することも充分あり得ることを事前に伝えておきます。復職不可と判断されたらどうするか、本人や家族と、これからの人生についてどう過ごすかについても話題にすることが大切です。

この、主治医と産業医の判断の相違は、主治医は本人の人生（少し大げさかもしれません）に関わりますが、産業医は本人がその職場にいる間しか関わらない、といった違いからも生じるのではないかと思います。私はF自身が納得して退職し、次の人生を歩んでほしいといった気持ちがあり、その想いをFの産業医にも伝えました。

「復職不可の判断ほど産業医にとって心苦しいものはない」という点について付け加えたいと思います。それこそ粛々と進めなくてはなりませんが、復職不可と判断し、休職期間の満了を迎えて退職せざるをえない場合など特に、力になれなかったこと、退職後に支援ができないことに対する無力さや申し訳なさなど、さまざまな感情に持ち堪えなくてはなりません。

療養が長期化し休職期間の満了を迎えて退職する従業員の多くが、悲しみや怒り、後悔、無力感などの感情を抱いています。退職時は、出来る限り本人が納得し、新たな人生を歩み始めることができるよう、丁寧な介入が必要です。最後の面接で、職場を迫害的な世界と捉えたまま『職場の冷遇は一生忘れません』と言い残して退職された方がいました。決して職場は冷遇していたわけではなく、「なんとか寄り添いたい」と願っていました。しかし、とても疲労していたことも事実でした。職場が寄り添おうとしていた姿を伝えきれなかったこと、また、本人のこころに職場がそのような存在として残ることが悔やまれ、こころが痛む体験でした。

このように、本人、家族、産業医をはじめとした産業保健スタッフ、人事労務担当者、職場の上司、主治医などを含めてチームとして信頼し合い、それぞれの職種がどのような想いで関わっているか想像し続けること、そして可能な限り目標や理解を適宜確認しながら機能し続けることが大切です。

おわりに

産業保健の場において働く人のこころの健康を支援する際、マニュアルに記載されている「共感的に聴く（そのうえで粛々と対応する）」といった対応について、「粛々と対応する（共感的であるとは何か？　と常に考えながら）」をイメージしながら対応することをお勧めしたいと思います。粛々と対応することは、従業員にとって、冷たく、突き放された感覚を与えることがあります。そのような痛みを想像しながら、そのような痛みも含めて出来る限り寄り添いたい、共感的でありたいと願いつつ、その人が長く、健やかに働き続けられるために、長期的な視点を持ち、支援をし続けることが大切だと私は考えています。

事例は、複数の症例をもとに創作したものであり、現実の事例をそのまま描写したものではないことをお断わりさせて頂きます。

成田善弘（1999）「共感と解釈」『共感と解釈――続・臨床の現場から』人文書院
松木邦裕（2020）「力動的視点によるチーム支援の有効化」藤山直樹・笠井清登編『こころを使うということ』岩崎学術出版社
乾吉佑（2017）「企業内メンタルヘルス相談」祖父江典人・細澤仁編『日常臨床に活かす精神分析――現場に生きる臨床家のために』誠信書房
開隆弘監修／産業医科大学精神医学教室編集（2012）『事例に学ぶ職場のメンタルヘルス――産業医・精神科医のレポート』中災防新書

それはできるのか——発達障害への寄り添い

浜内彩乃

「寄り添い」とは何か

「寄り添い」とは何なのでしょうか。井川・中西ら〔2020〕がおこなった、対人援助職にとって「寄り添い」がどのような意味をもつかを検討した研究では、寄り添い尺度として、「プロフェッショナル意識」「安心コミュニケーション」「業務外行為」「時間空間の共有」「受容・共感」「身体的接触」「非審判的態度」の七つの因子を取り出しており、業務外行為および時間空間の共有以外のすべての因子で職種間の差が認められ、「『寄り添い』はそれぞれの職種によって異なった行為を示す」と述べています。その研究対象者は、看護師、介護福祉士、ソーシャルワーカーだったため、職種間の差について、クライアントに直接触れることの少ない職種は、クライアントに「寄り添う」姿勢を表現する手段が限られていることから、プロフェッショナル意識や安心コミュニケーションなどのその他の心情的な部分の寄り添いを強く意識する側面があるのではないかと考察しています。

心理職も、クライエントに触れることの少ない職種ですので、「寄り添い」は心情的な部分への寄り添いとなることに異論はないでしょう。しかし、井川・中西らが指摘しているように、「寄り添い」をどのように捉えるかは、職種間の差だけでなく、個人差も大きいように思います。ただ、寄り添い尺度に七つの因子が抽出され、そのなかのひとつに「受容・共感」が挙げられていることから、寄り添いが「受容・共感」だけに留まらないことがわかります。だからこそ「受容・共感」が浸透している心理業界でも「寄り添い」という言葉が使われるようになっているのでしょう。私なりの「寄り添い」について述べた後、「寄り添うことの難しさ」について考察したいと思います。

発達障害者(児)への「寄り添い」

私は発達障害者支援センターで勤務した経験があり、その後も発達障害者(児)への支援を多く担ってきました。福祉領域は対象が幅広いですが、ここでは「発達障害者(児)」支援を主に記述していきます。また、発達障害者(児)といっても、自閉症スペクトラム、注意欠如多動症、限局性学習症とでは特性は異なりますが、本書の本質からそれるため、これらを「発達障害者(児)」と表記しているところがあることを、ご了承ください。

福祉領域での支援の特徴は、一生涯にわたって支援をおこなうこと、生活支援が主となること、多職種・多機関が関わることではないでしょうか。

福祉領域では、活動分野によって多少異なりますが、クライエントの生活が安定しても福祉サービスは継続され、支援が完全になくなることは少なく、就労や生活などクライエントの人生を支援することになります。また、行政機関、医療機関、訪問介護支援事業所、通所支援事業所など多くの機関が関わり、さまざまな職種がクライエントの生活を支えます。

福祉領域において最も重要視されるのは生活支援であり、部屋の掃除を手伝う、就労のための訓練を実施するといった物理的な支援が期待されるでしょう。社会福祉士やケアマネージャーのような相談支援者に対しても、支援計画の作成や社会資源の提案など、物理的支援を提供するための相談が期待されます。しかし、心理職は物理的支援も社会資源の提供も長けているとは言いがたいでしょう。

私自身、発達障害者支援センターで勤務を始めたときには、精神分析を主とした個別心理療法の訓練ばかり受けていたので、「受容・共感」よりも物理的支援や助言を求められることに大きな戸惑いがあり、心理職として何ができるのだろうかと頭を悩ませていました。そして社会資源の情報や福祉制度の理解は臨床をしながら知識をつけていき、具体的な助言については特別支援について学ぶことで、多少どうにかできるようになっていきました。

それらは福祉領域で活動する上では欠かせないことですが、社会福祉士や臨床発達心理士、特別支援教育士など、私よりも専門的に支援できる方々がいます。そのなかで心理職が役に立てることは、やはり「こころを理解すること」なのだろうという結論にいきつきました。「寄り添い」もクライエントの理解なしには成立しません。こころを理解して、そこに寄り添うことが心理職の役割でしょう。

発達障害者（児）のこころを理解する方法としては大きくふたつあると考えます。ひとつ目は、文献やクライエントの語りを通して発達障害者（児）の内的世界の理解を深めること、ふたつ目は自身の体験を通して理解を深めることです。これらは、発達障害者（児）に限らず、どのようなクライエントであっても有効な方法でしょう。

ひとつ目については、例えば友達との約束に必ず遅れるクライエントがいたとします。遅刻する要因を探っていくと、朝の準備にかかる時間の見積もりがうまくいっていないことが明らかになってきました。友達と遊びに行くときにはいつもより服を選ぶ時間が長くなるにもかかわらず、仕事に行くときと同じ時間の見積もりをしている、といった具合です。これに対して、発達障害の特性には「想像性の困難さ」があり、目に見えないことを想像して考えることが難しいという知識を持っていれば、時間という目に見えないものを頭のなかで考えて予定を組み立てることの難しさを理解することができます。そして、いつものように頑張って準備してもうまくいかないという思いも理解することができるようになります。

ふたつ目については、発達障害の特性はスペクトラムで考えられており、その特性は多かれ少なかれほとんどの人が持っています。先ほどの時間の見積もりが苦手という特性も、発達障害の有無に関わらず共感できる方もいるでしょう。私自身も、見積もりを誤った失敗談は何度もあります。そうした自身の体験を通して、「きっとこういう感じなのだろう」とクライエントを理解していきます。この理解の方法について、松木〔2015〕はセラピスト自身の体験とクライエントの体験を重ね合わせてクライエントを理解しつつも、「クライエントとは全く同じではない」というズレを感じることでさらに理解を深めることができる、と述べています。

しかし、このどちらを用いても理解が難しい状況が生じます。一つひとつの断片的な理解はできても、それらを統合したクライエントの状態を理解することが難しいのです。例えば、クライエントXは自閉症スペクトラムの診断があり、人と何かを共有するということに快を感じません。そのため友達はほとんどいないのですが、社会人になってから「友達が欲しい」と思うようになったそうです。しかし、相手の趣味に関心を持てず、自分の好きなモノを共有したいという感覚も乏しいため、どのように友達を作ったらいいかわからないといいます。友達と何がしたいという具体的なものがあるわけではなく、漠然と「友達がほしい」感じ、友達がいないことを寂しく感じているのですが、実際に社交の場に出ていくと、疲れてしまい、快よりも不快の方が大きくなり、結局誰ともつながれずに終わってしまいます。それでもXは、友達を作るにはどうしたらいいかと悩んでいます。

私は、自閉症スペクトラムの特性として、他者と何かを共有することを積極的におこなわない方がいることは知っていますし、一人で楽しむことができる人がいるという知識もあります。それとは別に、「友達が欲しい」という感覚は私のなかにもあり、友達がいないと寂しいと感じる感覚もわかります。そして私のなかの「友達がほしい」という感覚は、好きなモノを共有したいという感覚であるため、クライエントの「友達がほしい」という感覚とは異なることも理解できます。しかし、共有したいものがあるわけでもなく、人と一緒にいることが快よりも不快の方が大きいにも関わらず、友達がいないことを「寂しい」と感じるクライエントの世界を、私は上手く理解することができずにいます。

これは私の例ですので、このクライエントと似た感覚を持っている方であれば、理解することはできるでしょう。私が言いたいのは、知識をもち、自分の体験と重ね合わせても、クライエントへの理解が難しい状況は生じるということです。

発達障害者(児)のねじれた文化

発達障害者(児)と健常者の交流を「異文化交流」と表現されることも多くあり、発達障害者(児)と健常者は体験している文化が異なるとされています。

滝川〔2014〕は「乳児期の発達障害に共通するのは、共同注意や情動調律など養育者とのシンクロナイズする活動の乏しさ、すなわち『一体』『融合』の希薄さ」と述べています。すなわち、発達障害者(児)は養育者と一体を体験することが希薄な文化のなかで育ち、健常者は養育者との一体を体験する文化のなかで育つのです。さらにSpensley〔1995/2003〕も、健常者は赤ん坊の時に「母親的な対象と一体となった存在である共生的幻覚から『鮮化する』」が、自閉症スペクトラムの赤ん坊は「安全な心理的子宮の砦から『私でない』世界へ早期に放り出され、境界のない恐ろしい世界にさらられる」と表現しており、他者と出会うときの体験の違いを述べています。発達障害者(児)と健常者は、同じ社会においても異なる体験しているといえるでしょう。

日本大百科全書で「文化」について調べると、「学問、芸術、宗教、道徳のように、主として精神的活動から直接的に生み出されたもの」と「あらゆる人間集団がそれぞれもっている生活様式を広く総称」という、ふたつの意味が書かれています。おそらく、多くの場合には、この精神的活動から直接的に生み出されたものと、その生み出されたものを主軸として形成されている人間集団がもつ生活様式は一致しているのでしょう。例えば日本では「謙遜すること」が美徳とされている文化があり、そのためにお土産を渡すときには「つまらぬものですが……」と言って差し出す生活様式が形成されています。

しかし、発達障害者（児）は、日本人という人間集団がもっている生活様式のなかで生活していますが、精神的活動から直接的に生み出されたものは日本人の多くが生み出しているそれとは異なるのです。例えば、発達障害者（児）は、言葉をそのまま直接受け取るという精神的活動の文化を体験しながら、「つまらぬものですが」という生活様式をおこなわなければならず、ゆえに「なぜ人に『つまらないもの』を渡すのですか？」という疑問が湧きます。

そしてセラピストは、この精神活動と生活様式のねじれた文化を体験しているクライエントを理解していく必要があります。私がクライエントを理解することが難しい背景は、おそらくこのねじれた文化体験に由来します。

Xは「他者と好きなモノを共有したいと思わない」という文化を体験しています。しかし、周囲には「友達」を作り一緒に過ごす時間を大切にしている人たちがたくさんいます。「友達」や「他者と共有する」という文化をもった社会で生活しているため、Xは自然と「そういうことをしてみたい」という気持が生じたのでしょう。文化は人に大きな影響を与えます。謙遜することが美徳だという文化も、なぜその文化が生じたかと尋ねられても答えることは難しく、また、その文化の感覚に影響されているということに気づくことも、日常のなかでは困難です。

Xは、精神活動と生活様式のねじれた文化が生じているために苦しんでいますが、「他者と好きなモノを共有したいと思わない」という感覚と、「友達がほしい」という感覚のどちらも、文化のなかで生じたものであり、ねじれた文化に由来する感覚が生じ、矛盾した状態にあることを説明することは困難でしょう。このような状況におかれているクライエントを理解し、そのねじれた文化のなかで生きていくことに寄り添っていく必要があるのです。

しかしこのねじれた文化を「わかった」と感じても、それを体験している発達障害の世界を実感することは非常に難しいように思います。ねじれた文化のなかにいる発達障害者（児）と、そうではない文化のなかにいるセラピストが、互いの文化の違いに気づくことができるのは、違いに触れたときですが、その触れた部分しかわからず、また文化の本質的理解をどこまでできているかもわかりません。

それでも、「わかっていないこと」を見ることは非常に難しく、「わかっていないこと」は「わかった」ときに初めて立ち現れます。Xの「他者と共有したいものはないが、友達がほしい」という感覚を、私がわかっていないと気づいたのは、Xからその話がされたときで、それまでそのような感覚を「わかっていない」ということにも気づいていませんでした。

臨床のなかでクライアントについてわからない感覚があっても、具体的に「何がわかっていないのか」に気づくことはできず、それ以上考えることは困難です。そしてセラピストはわかっていることだけに目を向け、「わかっている」という万能的世界に身をおきます。発達障害の特性というわかりやすいところに目を向け、発達障害者(児)が体験している文化に気づくことができなければ、共感は表面的なものになり、寄り添うことはできません。

しかし「わかっていなかった」は常に過去系であり、「わかっていないこと」に気づいた瞬間、わかっていなかったこともわかったことに切り替わり、再び「わかっている」ことだけの万能的世界に身を置くことになります。「わかった」と思った瞬間、「わかっていない」のです。

それでも今、私は「発達障害についてわかっている」と感じている自分がいます。私も「わかっている」という万能的世界に身を置きながらこれを書き、臨床をおこなっています。

「寄り添い」はできるのだろうか

「寄り添い」とは、クライエントが生きる文化も含めて理解することだと考えます。しかし、発達障害の文化を全て理解することはできません。私と目の前のクライエントは、異なる素質を持って生まれ、異なる文化のなかに生きてきているということを認め、「わからない」ことに持ちこたえる力を養っていくしか、寄り添う方法はないのではないでしょうか。何をわかっていないのかがわからなくても、「わからない何か」があることを認め、「わかった」と気づいた瞬間に姿を見せる「わかっていなかった」ことに目を向け、それを受け入れ、そしてまた「わからない何か」をこころの片隅で感じておくことが大事だと考えます。この「わからない何か」

を持ちこたえることができることが、「寄り添い」への第一歩ではないでしょうか。

現在の対人援助の現場では、「寄り添い」という言葉があまりにも平易に用いられすぎているように感じます。井川・中西ら〔2020〕は『寄り添い』という言葉そのものが、支援の質や量の不足に対する免罪符としての機能を持ってしまっている可能性についても考慮する必要がある」と寄り添うという言葉の乱用に警鐘を鳴らしています。発達障害者（児）の文化をわかろうとしながら、わからないことに目を向けることが、心理職にできる支援だと考えます。

井川 純一・中西 大輔・河野 喬・志和 資朗（2020）「対人援助職の寄り添いとはなにか——寄り添い尺度の作成」健康科学研究 4(1), 41-62.

松木邦裕（2015）『耳の傾け方——こころの臨床家を目指す人たちへ』岩崎学術出版

Spensley, S. (1995) Frances Tusitn. 井原成男・粛藤和恵・山田美穂・長沼佐代子訳（2003）『タスティン入門——自閉症の精神分析的探求』岩崎学術出版社

滝川一貴（2014）「書評：河合俊雄・田中康裕編『大人の発達障害の見立てと心理療法上』」心理臨床学研究 32(33), 408-410.

それは共感か？　同感か？
――在留邦人支援の実際

前川由未子

半径二キロ圏内にほとんどの知り合いが住み、出かければスーパーでも病院でも大抵誰かに遭遇する。友達の友達はだいたい友達だし、いい噂も悪い噂もすぐに広まる。日本の片田舎の話かと思われるかもしれませんが、ここはタイの首都、バンコクです。

タイには八万人以上の日本人がおり、在留邦人数としては世界第四位にあたります〔外務省2022〕。そのうち約七五％が暮らすバンコクには、世界最大規模の在留邦人コミュニティがあるといえるでしょう。日本人が暮らすエリアでは、日本人向けの施設やサービスが非常に充実し、ここが海外であることを忘れるほど。メンタルヘルスの領域も例外ではなく、日本人精神科医こそいませんが、無料の電話相談や対面相談を提供する団体がボランティアによって運営されています。

国内での支援とどこが異なる？

夫の海外赴任に帯同した私は、こうした団体に所属し、タイ在留邦人の相談を受けたり、メンタルヘルスをテーマとしたワークショップを開催したりしてきました。そのなかで直面する困難や寄せられる相談は、やはり海外ならではのものばかりでしたが、特に日本での支援と異なる点は、以下の四つでした。

一点目は、タイでは活動が法的に制約されるということです。

海外では現地の資格がないと専門家として認められない場合や直接サービスを提供できない場合がありますが、タイもその例外ではありません。日本での資格しか持たない我々が「心理療法」や「カウンセリング」といった治療的サービスを提供することはタイの法律に触れることでしたので、相談員はあくまで「お話をお聞きする」というかたちで活動していました。

また、収入を得るためには、所定のビザやワークパーミッドが必要となります。企業に属さない個人がこれらを取得することは難しく、ボランティアとして無給で活動するほかありませんでした。そのため私の所属する団体では、電話でも対面でも相談は無料。一回のみの単発か継続しても二、三回程度で、傾聴し、問題を整理したり情報提供をする関わりがメインとなっていました。

二点目は、海外では専門家と非専門家が入り交じって活動するということです。人員が限られる海外では、「専門家でないと相談員になれない」なんて贅沢は言っていられません。私の所属する団体では、対面相談の相談員に日本での資格所持を要件としながらも、資格内容についての明確な規定はありませんでした。電話相談に至っては、一定の研修を修了すれば誰でも相談員を務められることになっており、たとえ公認心理師などの専門的な資格を持たなくても相談員になることができました。

また、駐在員の多くは三～五年スパンで帰任するため、帯同家族であるメンバーの入れ替わりも頻繁で、常に専門家がいるとも限りません。そのため相談者は、必ずしも専門的な支援を毎回同じ相談員から受けられるわけではありませんし、相談員の研修やフォローアップ体制もその時々によってバラつきがありました。

三点目は、海外では連携相手や紹介先となる医療機関や行政機関が極端に少ないことです。先に述べたとおり、タイで医療行為をおこなうにはタイの医師免許が必要なことから二〇二三年現在、日本人医師は内科医一名のみで、精神科や心療内科は通訳を通してタイ人医師の診察を受けるほかありません。また当然ながら、児童相談所や家庭裁判所等のセイフティネットもなく、生死にかかわる緊急の場合は日本人大使館が最後の砦としてすべてを請け負っている状態です。

すなわちタイにおいては、日本語で継続的かつ専門的なメンタルヘルス支援を受けられる場がなく、ボランティア相談員たちも、いざというときに頼れる他機関がないこころ細さを抱えています。そのため継続的専門的支援を必要とする場合には、帰国を勧めることが最善というのが一般認識です。

四点目として、以上に加え、我々を取り巻く環境要因、海外における日本人社会の狭さが挙げられます。

冒頭でも述べたように、海外では狭い範囲に日本人が密集して暮らしていたり、日本人向けの店や施設など限られた資源を共有したりしています。そのため、相談者と相談員が生活圏で遭遇する確率が高く、共通の知り合いや子どもの学校など、どこで繋がっているかわからないという閉塞感を抱くことも少なくありません。

相談者にとっては、相談したことがご近所や夫の職場に伝わらないかといった不安は日本にいるとき以上にシビアな問題です。また思わぬ所から相談員のプライベートな情報が漏れ伝わる可能性も高く、「相談員を守る」こともとりわけ重要視されています。

すなわち海外は、多重関係になるリスクや転移・逆転移を扱う難しさを特にはらんでいる環境といえるでしょう。

深い共感から同感まで

こうした状況下で活動するうちに見えてきたのは、心理臨床で一般的に追求されている「深い共感」を提供することの難しさと限界でした。ここでいう「深い共感」とは、相談者の感情が言語的・非言語的に相談員に投げ込まれて相談員がその感情をありありと感じるような共感を意味しています。

心理療法のなかでは、一般的に言われる「共感」よりも、このようにさらにダイレクトに感情が伝わってくることが稀にあります。日本での私の経験上ですが、それは大抵、相談者が抱える痛みのもっとも深い部分に到達した際に起こり、言葉では表し得ないような痛みが、こちらのこころに生じてくるのでした。そして「共感」に到達した後には、相談者が一歩前進する感覚がありました。心理療法において「深い共感」は、相談者を孤独から解放し、生きる力を与える効果があると考えられます。

「深い共感」に到達するには、相談者と相談員の確かな信頼関係と、相談者の置かれてきた状況をありありと想像するに足りる充分な情報が必要です。しかし単発や数回のみの面接では当然、関係性も話も深めることには限界があります。むしろ、同じ相談員が継続的に会うことを確約できない状況でむやみに深入りすることは、その後のフォローアップがないなかで相談者に心的負担を負わせることにもなりかねません。

専門家と非専門家が入り混じったボランティアという立場では、相談者が心の奥にしまっていた記憶や感情を引き出したのちに相談員の手に負えなくなる恐れもあります。狭い日本人社会では、転移・逆転による行動化のリスクも増幅するでしょう。このような危険性を考慮し、我々相談員はあえて話を深掘りしない、深掘りする必要があると判断される場合には、より安全を保証できる他機関を紹介するというスタンスをとっています。それは同時に、「深い共感」への到達を諦めるということでもあるのです。

では、どのような支援が求められるのか。あるいは海外の制約のなかでどのような支援が提供できるのか。

これはあくまでタイの場合ですが、在留法人支援においては「同士や仲間として耳を傾けること」「良き隣人であること」が重要であると考えられます。それは、相談内容が相談者の立場や在留理由と密接に関係しており、在留邦人社会をリアルに知る相手でないと話しても理解されないと捉えられやすいからです。

例えば対面相談の場合、相談員を務めるのは主に駐在員の妻たち（いわゆる「駐妻」）です。開室時間は駐妻が活動しやすい平日の午前中に限られていますが、その時間にやって来る相談者も、やはりほとんどは駐妻であるのが現状です。駐妻は、ともすれば夫のお金で悠々と海外生活を謳歌していると思われがちですが、キャリアの分断や狭い日本人社会での人間関係、慣れない地での子育てなど、駐妻ならではの悩みも多く抱えています。それは日本の友人や家族にはなかなか理解されがたいものでもありますが、狭い人間関係のなかでは悩みを打ち明けづらかったり、まだ悩みを話せるような知人がいないという場合もあります。相談者の多くはこうして行き場を失った悩みを抱えて相談室を訪れ、同じく駐妻である相談員にそれを聴いてもらうことで支えられているようでした。

これと同様の現象は、電話相談においてもみられます。休日や平日午後にも受け付けている電話相談では、駐在員や現地採用で働く男性が仕事上の悩みについて語ったり、「ロングステイ」というかたちで老後に移住した方がみずからの死を予期して「日本が恋しくなった」と電話をかけてくることもありました。電話を受ける相談員の方も、駐妻だけでなく、現地採用で働く方や国際結婚により永住している方が務めていますので、話が通じる感覚があるのでしょう。頻回にかけてくる常連さんやリピーターも多くおられます。

このように海外では、同じ小さなコミュニティに暮らし、似たような境遇にある者同士が支援者と被支援者として繋がりやすい側面があります。そこでは相談員が相談者の状況をリアルに想像しやすく、自身の境遇や生活とも重ねやすいことから、「そうだよね」「わかるわかる」と直感的な〝共感〟が生まれやすくなります。それは厳密にいえば、聞き手がみずからの経験や感情を相手に重ねて想起することによる〝同感〟であり、「深い共感」とは異なるものでしょう。しかしそこには、似たような境遇で似たような経験をもつ「同士」だからこそ生まれる、不思議な結束があり、日々のちょっとした「あるある」を共有できる親近感や共に海外生活の困難を抱えているという仲間意識が、孤独感や、苦悩を癒やしているのです。

ニーズに添った寄り添いを

こうして見ると、在留邦人支援においては〝共感〟への到達を妨げるさまざまな障壁がある一方で、比較的容易に同士や仲間として結束しやすいという特徴があります。真の共感があるかどうかが問題なのではなく、自分と近い境遇の人間が話を聴いて受容してくれるということじたいに非常に重要な意味があるのです。いわば「ピア・サポート」的な役割に近いとも考えられます。それは、相談者と相談員がともに海外にある「日本人村」というコミュニティの一成員であることに由来するのでしょう。日本国内にいるときには意識されない「日本人であること」が相談者と相談員の重要な共通点として両者を繋ぐのです。

他方で、継続的・専門的な支援が必要なケースかどうか、「深い共感」を必要とする人かどうか、をしっかりと見極めることも忘れてはなりません。いざというときに頼れる先がないなかで、やみくもに相談を引き受けることは、相談者・相談員双方にとって非常に危険です。相談者が求める支援と相談員が提供できるものを常に天秤にかけながら、お互いの安心安全を第一に最善の支援を探っていくことが大切です。場合によっては他機関や治療法に関する情報提供に留まったり、帰国を勧めたりして、みずからが直接的な支援者にならない選択をすることも、特に海外では重要といえます。

日本国外に住む邦人の数は、今や一三〇万人を超えました。メンタルヘルス不調をきたして帰国を余儀なくされる駐在員やその家族は、後を絶ちませんし、海外で自死する日本人も残念ながら一定数います。言語や文化が異なるなかでの「外国人」としての生活がストレスフルであることはいうまでもありません。世界が今後ますますグローバル化していくことを思うと、海外でこころを病む在留邦人数も増えていくことでしょう。本人が望むのであれば、海外生活を続けながら必要な支援を受けられるのが理想です。

より専門的で継続的な支援のあり方としては、その国に居住経験のある専門家による日本からのオンライン相談やスーパーヴィジョンの提供、現地の在外公館にメンタルヘルス支援担当者を配置すること、日系企業においては、本社の産業保健スタッフやＥＡＰ *Employee Assistance Program* の定期訪問を設けることなどが考えられます。支援を必要とする方への直接的なアプローチに加え、現地で支援に携わる人々への安定したフォローアップ体制を構築することも重要です。

もちろん、法規制や在留邦人の特徴は国によって異なります。法規制が厳しくボランティアによる貢献が大きいこと、永住者よりも長期滞在者が多いことはタイならではの特徴です。ただ、いずれにしても、海外がメンタルヘルス支援の過疎地であることに変わりはありません。各国の状況に合わせた専門的・継続的な支援のあり方を構築することが今後の課題といえます。

話を深め、深い関係を築くことで提供できる「寄り添い」と、あえて深入りしないかたちでの同士や隣人としての「寄り添い」。在留邦人に寄り添い続けるためには、相手のニーズによってそのどちらも提供できるようになることが必要なのです。

外務省（2022）海外在留邦人数調査統計 100436737.pdf (mofa.go.jp)

特別寄稿

共感をめぐって

成田善弘

「よきこと」としての共感

共感という言葉を辞書で引いてみると〔広辞苑〕「他人の体験する感情や心的状態あるいは人の主張などを、自分も全く同じように感じたり理解したりすること。同感」とあり、『『共感を覚える』『共感を呼ぶ』、『感情移入』を見よ」とあります。

「感情移入」という言葉はどうかというと、「他人の心理や芸術作品または自然対象のうちに自分自身の精神を投射してそれを直接に理解すること、リップスの美学の根本原理」とあります。「感情移入」は自分自身の精神を相手に投げ入れて、相手がそう感じていると自分が思うことのようです。ですから、相手の感情といっても元は自分の感情です。一方、共感は、相手の感情がまずあって、それを自分も同じように感じることのようですから、元は相手の感情です。

つまり、相手の感情と自分の感情が同じになるという点では共通していますが、出発点が異なっています。

もとは相手のものを　自分と同じように……

昨今、対人援助、心的支援に携わる人たちのあいだでは「共感」がしばしば強調されています。とりわけ臨床心理の人たちのあいだでは、「クライアントに共感することが、セラピストのなすべきもっとも重要なこと」と考えられているようです。

そこでは《共感》は、クライアントを尊重すること、理解すること、配慮すること、気づかうこと、さらには労わったり労ったりすること、などさまざまな〝よきこと〟を含んで、かなり広い意味で用いられています。

その意味においてセラピストが「共感しよう」と努めるのは、よいことであり、必要なことでしょう。ただし、共感しなければならないと思いつめると、クライアントとの距離が保てなくなり、セラピストが混乱したり、消耗したりして、燃え尽きてしまうこともあります。また時には、共感しているつもりで、ひとりよがりの思い込みに陥っていることもあります。

私の実感として、《共感》を「相手と同じように感じること」とすると、それはきわめて難しいと思います。相手（の病態）によっては、なかなか共感しにくいこと、どうしても共感できないことがあります。

たとえば、激しい怒りや恨みから「他者を殺害したい」と思っている人、妄想に基いて世界を脅威と感じている人、子どもに性的欲望を感じてそれを満足させようと行動する人など、精神科医の私の前に現れる人のなかには、そのような人もあります。こういう人たちと同じように感じることは困難ですし、同じように感じてしまっては、彼らの病理を助長し病的行動を肯定してしまうことになりかねません。

以下に、私が《共感》をどのように捉え、どのように「共感しよう」と努めてきたか、また、《共感》をきわめて難しいこと、不可能なことと考えたり、「共感しないことが大切だ」と考えたりしてきたかを、ふり返ってみます。

理解はしても　同じようには…

医学・医療のなかでは、人間はひとりの人格であるまえに、一個の有機体、あえていえば一個の機械と見なされます。

病気とはその機械の故障であり、治療とは、その故障した部分を化学的・生物学的・物理学的手段によって修理・修復することであり、修復が不可能な場合は代替物によって置き換え、本来の機能を代行させようとするのです。目の人工レンズ、腎透析、人工心肺、臓器移植など。こういう考え方を「機械論的身体観」と呼びます。近代医学はこの身体観によって進歩してきました。

私自身その恩恵を多大に受けています。高血圧や心臓の病気があり、さまざまな薬物療法を受けていますし、両眼には人工レンズが入っています。機械論的身体観によって進歩してきた近代医学がなければ、もうとっくに失明し、たぶん……死んでいたでしょう。

もちろん医師は、病気をもった人間すなわち患者（patient＝苦しむ人）を治療するのですから、患者に対してどういう態度で接するかは重要なことで、医学教育のなかにこういう視点がないわけではありません。むしろ近年になって、「患者の気持を理解するのが大切だ」ということが強調されるようになってきています。

とはいえ、医師が患者の不安や苦痛を患者と同じように感じて、とり乱してしまっては、身体（機械）の故障に迅速かつ的確に対処することはできません。したがって医師は、患者の症状や不安や苦痛を「理解」はするけれども**同じようには感じない**、つまり「共感しない」ことが必要なのです。

本当に言いたいことを　聞きたい

もう五十年以上昔のことになりますが、私が精神科に入局した当時、教育界ではカール・ロジャーズがよく読まれていました。心理療法ができるようになりたいと思っていたので、私は少しばかりロジャーズを読み、「患者の語ることをよく聞くことが大切だ」ということを学びました。

一般に医師というものは、患者の言いたいことを聞くというより、**医師の知りたいこと**を聞こうとします。医師の知りたいことを聞きとり、それを自分の依拠する知的体系（たとえばＩＣＤの診断体系）のなかに位置づけます。それができると医師は「患者を理解できた」と思うのです。

これに対して、心理療法のなかで患者の話をよく聞くということは、まず患者の言いたいことを聞くことで、いずれは、患者自身も十分に意識していなかった「本当に言いたいこと」が聞けるようになりたいと、私は思ったのです。

三つの必要十分条件を試みて

ロジャーズは真実性（自己一致）、無条件の肯定的関心、共感的理解の三つを治療の必要十分条件として強調しています。私はこれを読んで、ロジャーズがクライアントをひとりの人格として尊重し、自分もひとりの人格として対峙しようとしているように感じて、強い印象を受けました。医学教育のなかで学んできた「機械論的身体観」とはまったく違っていたのです。

ロジャーズは共感的理解についてはこう言っています。

それ〔共感〕は他者の知的な世界に参入し、そこですっかりくつろぐことである。それはその人の中に流れ変容し続けている、その人に感じられる意味、恐れとか憤りとかもがきとか混乱とか、その人が経験しているあらゆるものに刻々と敏感であり続けることである。その人の中に一時的に住まい、その中で何の批評もせずにこまやかに動き回り、その人がほとんどといってもよいほどに意識していない意味を感じとることである。〔久野徹訳〕

しかし、いざ精神科の患者に接してみると、不思議に思ったり、びっくりしたり、当惑したり、怖くなったり、かわいそうに感じたり、ときには腹が立ったりしました。「自分ならそうは感じないのに……あるいはそうはしないのに……、患者はなぜそう感じたりしたりするのか、わからない」ということの方が多かったのです。

真実性（自己一致）ということも、患者に対して自分の感じていることを正直に伝えては、患者を傷つけたり怒らせたりするのではないか？　と思いました。また、「患者がなぜそう感じたりしたりするのかわからない」ことが多かったので、無条件に肯定的関心を向けることは難しいことでした。

共感的理解も、相手と同じように感じることだと思っていたので、いったい、そんなことが本当にできるのか？　とさえ思いました。たとえば、患者が『悲しい』と言えば『悲しいですね』と繰り返して、それが共感とされているようでしたが、患者が『悲しい』と言っても私はとくに悲しくなるわけではないことが多い。悲しくなることもあるが、私の悲しさが患者の悲しさと同じだ、とは思えない。

そのような次第で、ロジャーズのような治療者になることはとてもできそうもない。もしロジャーズがこれらを本当に実現しているのなら、聖人の域に達している人だと思いました。

自分を見つめて識る「不可能性」から

この原稿を書くにあたって、久野徹の「ロジャーズにおける宗教性」という文章を再読する機会がありました。以前にも読んでいたはずですが、宗教に関心のない私はこの文章を素通りしていたのです。すこし長くなりますが引用します。

ロジャーズ自身はこれらの条件を「純粋性」「無条件の肯定的関心」「共感的理解」という順番で述べた。この順番じたい、おそらく意味のないことではない。人が自分のありようを直視する（純粋性）とき、「愛」の不可能性に直面する。こうした自己の〈罪〉を見つめるとき、もはや人は決して他の人を裁くことはできなくなっている（無条件の肯定的配慮）。そうした「罪びととしての自己」への絶望のなかから、人は本当の意味での神の「愛」を識り、人と人とが本来は神の賜物である御霊によってひとつに結び合わされる存在であることを識る。そのことにおいて人は、はじめて「愛」が可能となる（共感的理解）のである。

私は久野の文章を読んで、はじめてロジャーズの主張と実践の背景にある思想がわかったような気がしました。ロジャーズの三条件を知ったとき、私はそれが宗教的背景をもつと思っていたわけではありませんが、「聖人」という言葉を用いていたのは、どこかで宗教性を感じとっていたのかもしれません。

ふり返ってみると、私は治療過程を語るときに、「神に感謝する」とか「大いなる手がはたらいて」とか思うことがよくあります。治療者である私の意図を超えて患者が深い洞察を語ったり、偶然生じた（かに見える）出来事が患者の回復を促したりしたときに、ごく自然にそう感じるのです。宗教性とまでは言わなくても、心理療法家にはこのように感じることがあると思います。

しかしそう思ったところで、三条件が私にとって「めったに実現しない理想」であることに変わりはないのです。ロジャーズは私にとって、はるか遠くに仰ぎ見る存在でしかありえませんでした。

心理療法家として仕事をするようになってから、ある患者からこう言われました――『わたしが不安と恐怖で気が動転し、「自分はどうなってしまうか」と怖かったときに、先生を見たら、いつもと変わらぬ落着いた様子だったので、「自分は大丈夫なんだ」と思うことができた』と。事実、私は不安と恐怖で気が動転していたわけではありません。私が患者と同じように感じていなかったから（つまり「共感」しなかったから）患者を安心させることができたのです。

私がすべきことは、患者がどう感じているかを認知し、理解することで、同じように感じることではないのです。医師としてだけでなく心理療法家としても、「患者と同じように感じる」ことは必ずしも必要ではなく、ときには治療の妨げになると思うようになりました。

患者に「内在」しようと…

こうしてロジャーズは、私にとって遠い存在にしかなりえませんでしたが、心理療法への関心は失わなかったで、当時「精神療法グループ」のリーダーであった伊藤克彦先生を我が師と思うようになりました。

先生は「患者というヌイグルミの中に入って発言せよ」とよく言われました。のちに思うと、ロジャーズの言うところと共通するところがあったかもしれません。当時はこの言葉の意味するところがよくわかりませんでしたが、のちに、おそらくこの言葉に源があると思うのですが、私は患者に内在することを目指すようになりました。患者を外から観察して解釈するのではなく、患者のなかに入って、そこから世界を見て、患者の体験していることを理解しようと努めるようになったのです。

ただし、患者と同じように感じることを目指すのではなく、「患者の感じ方や言動がなぜそうなるのか、自分には不思議に思える」と、患者の内側から発言しようとしました。そして、その私の声が患者には「いま・ここで向かい合っている私」からではなく、患者自身の「今まで聞いたことのなかったこころの深み」からの、問いかけのように聞こえてほしいと願ったのです。これは、私の願いというか祈りのようなものです。

どうしたら内在できるかと訊かれても「こうしたらよい」とは答えられないので、これは具体性に欠ける観念的な言葉だと自分でも思いますが、内在しようと志すだけでも、発言の仕方が外から観察するのとは違ってくるように思います。

雰囲気を言葉にしたい

心理療法過程で、患者も治療者である私も同じような気持になる（と私が思う）ことがあり、それが治療の転機になることがあります。患者と私の両方がその場の雰囲気を感じるときです。以前にも報告した例ですが、ここで簡単に紹介します。

こころの井戸の深いところで

患者は強迫性障害の高校生の男子です。尊大な自己像をもち、周囲を無能な人間ばかりだと軽蔑し、それゆえに孤立し、不安や離人感を訴えていました。

治療者である私は、彼の尊大性にうんざりし、「無能な治療者と思われているのでは？」と不安になり、面接中に離人感や無力感を抱いていました。そういう私のこころの底に「ひとりぼっち」という気持が生じました。そしておそらく患者も内心「ひとりぼっち」という気持になっているだろう、と思いました。

私が自分の「こころの井戸」を深いところまでおりてゆくと、患者の「こころの井戸」の深いところと通底していると感じたのです。ここのところを図示します。こころの深いところで患者の内的世界と治療者の内的世界が重なり合い、いま・ここで私と患者がそこにいるように、そこで生きているように感じられてきたのです。

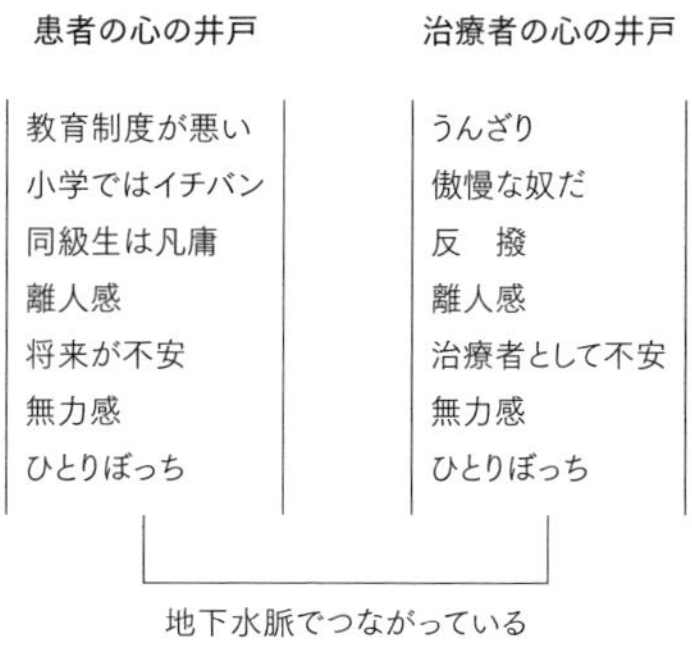

患者の心の井戸	治療者の心の井戸
教育制度が悪い	うんざり
小学ではイチバン	傲慢な奴だ
同級生は凡庸	反　撥
離人感	離人感
将来が不安	治療者として不安
無力感	無力感
ひとりぼっち	ひとりぼっち

地下水脈でつながっている

図１　患者と治療者の心の井戸〔成田1999〕

この私の「ひとりぼっち」感は、患者の強迫に長いあいだ晒され、それに立ち向かい、打ち破ろうと努め、わずかに垣間見られる彼の内的世界にふれようと努めてきたにもかかわらず、その相手から回避され、拒絶され、軽蔑されてきた、治療者の実感なのです。そして、それが実は、患者が世界に対して（また、いま・ここで治療者に対して）こころの底で体験していることに他ならないのです。

つまり、面接場面に「ひとりぼっち」という雰囲気が生じていて、それが患者において、また治療者において顕わになっているのです。こういうことを《共感》といってよいのでしょう。

その場の雰囲気さん

面接の場の雰囲気は、患者と私とのあいだに生じたもの、患者の気持と私の気持の重なり合ったものでしょう。私はそれを、「面接の場に〝その場の雰囲気さん〟という人がいて、その人が感じていることだ」と考えることにしました。のちに、これは精神分析家のいう〝third〟（患者でも治療者でもない）第三の主体が面接場面に登場するという考えに近いのではないか、と考えるようになりました。

自分が相手と同じように感じているかどうかは、本当はわからないことで、「相手もこう感じているのではないか」と頭で推測しているに過ぎないのではないか――私は、相手の気持を推測するのではなく、その場で自分に感じられる雰囲気を言葉にするようにしました。そうすると、患者も同感してくれることがよくあります。患者もその雰囲気のなかにいるので、同じように感じているからでしょう。

『あなたは〜と感じているのでは』と解釈すると、治療者は、患者の気持を推測し、さらには規定していることになります。ところが雰囲気なら、患者と治療者のあいだにおのずと生じているものですから、患者は、自分の内界が規定された、あるいは批判されたと感じなくてよいことになります。

ただし、〝その場の雰囲気さん〟の感じていることにも深浅があるでしょうから、その**深いところ**をキャッチしようと努めるようになりました。そのキャッチしたところを《共感》というのかもしれません。

「情動」的共感と「認知」的共感

最近ポール・ブルームの『反共感論』という著書を読みました。ブルームは、共感には〈情動的共感〉と〈認知的共感〉があると言います。

〈情動的共感〉は自動的に、意識せずに生じるもので、たとえば目の前で泣いている人を見ると、事情を知らなくても自分も悲しくなることがあります。私のスーパーバイジーの一人は「患者が辛い体験を語って泣いたときに、自分も悲しくなって泣いてしまい、二人で泣きながら面接した」と報告してくれました。

こういう共感については、近年注目されているミラーニューロン・システムで説明することができそうです。それによると、自分が何らかの行動をしているときと、他人がそれと同じ行動をしているのを見たときに、鏡写しのように共通して発火する神経細胞のネットワーク「ミラーニューロン・ネットワーク *mirror neuron network: MNS*」があると考えられています。

MNSを介した共感は、泣いている人の事情を理解することでの共感とは異なり、泣いている人を見たことでMNSを介して深部筋肉のレベルで目の前の人と同じような表情になり、その表情に対応した感情が辺縁系からピックアップされて同じ感情になる、あくびが移るようなものだそうです。

これに対して〈認知的共感〉は、「あなたの苦痛を自分は感じるわけではないが、あなたがそう感じていることは理解できる」というものです。これはヴァリデーションとかメンタライジングとかと言われることに近いようです。

このように区別してみると、心理療法家としては〈認知的共感〉が大切で、この能力は修練によって向上させることができそうです。これに対して〈情動的共感〉は自分の意志で左右することはできないようです。また、気が動転している患者に治療者が情動的に共感して気が動転してしまっては、患者を安心させることはできないのですから、治療的にマイナスになってしまいます。

ただし、患者が泣いているのを目のあたりにした治療者が情動的に共感して泣くと、患者はそれを見て、自分の気持が治療者にたしかに伝わった、治療者が自分のために泣いてくれたと感じて、治療者への信頼を深めることもあるでしょう。

〈情動的共感〉と〈認知的共感〉は必ずしも相互排除的ではないかもしれません。〈情動的共感〉を体験することで、そう感じている患者の事情の理解が深まるかもしれません。また〈認知的共感〉が深いところまで届くと、おのずと〈情動的共感〉が生じるかもしれないと思います。

おわりに

私がこれまで《共感》をどのように捉えてきたか、をふり返ってみました。

私は精神分析でいう〈解釈〉が「あなたは〜と感じている」というかたちになりがちなこと、つまり、患者を外側から観察してその内界を推測する（さらには規定してしまう）ことになりがちなことに、違和感を感じていました。

解釈を広辞苑でひくと、「受けとり手の側から理解すること、またそれを説明すること」とあります。つまり〈解釈〉は受けとり手のなかで成立するもので、他人の体験との照合は含まれていません。しかし《共感》となると、自分の体験と他人の体験が同じであることが求められるので、他人の体験と照合することが必須になります。ですから《共感》は〈解釈〉よりはるかに難しいことなのです。

もうひとつ広辞苑の定義から気づくことがあります。《共感》は、他人の感情や心的状態や主張を「自分もまったく同じように感じたり理解したりする」ことですから、「感じる」と「理解する」の二つが含まれているのに対し、「解釈」には意味を「理解する」こと、またそれを「説明する」ことがあって、「感じる」ことは含まれていません。《共感》が感情と知性の両方を含む全人格的な営みであるのに対し、〈解釈〉は「理解する・説明する」という知性の営みであるとされています。

われわれは、感情はとりわけ努力しなくても自然に生じるものだと考え、知性はこれを活動させるには努力を要するものだと考えているようです。それでつい、《共感》の方が容易で〈解釈〉は難しい、と考えがちなのでしょう。しかし実は「感じる」ということも、学ばなくてはならないことなのです。

どうすればそれを学べるのでしょう？　そして、どうしたら向上させることができるのでしょう？

本稿で私は、その難しさをめぐって、私の考えの変遷をふり返りました。私はしだいに《共感》という言葉を用いることが少なくなり、用いるときには「それがどういうことを意味しているか」をよく検討することが必要だ、と思うようになりました。

これが、このまとまりのない文章の結論といえば結論です。

Bloom, P.（2016）／高橋洋訳（2018）『反共感論』白揚社
久野徹（2004）「ロジャーズにおける宗教性」村瀬孝雄・村瀬嘉代子編『ロジャーズ――クライエント中心療法の現在』日本評論社
成田善弘（1999）「共感と解釈――患者と治療者の共通体験の探索」成田善弘・氏原寛編『共感と解釈――続・臨床の現場から』人文書院
Rogers, C.R.（1980）*A way of Being*. Houghton Mifflin
Rogers, C.R.（1987）／村上英治訳（1989）「ロジャーズ、コフート、エリクソン――ロジャーズからみた相似点と類似点の考察」ジャフレイ・K・ゼイク編／成瀬悟策監訳『二十一世紀の心理療法』誠信書房

論考編

共感のむずかしさ

論考編では、経験豊かな精神分析的臨床家の手に成る、共感にまつわるさまざまな考え方の基礎固めとなっています。

池田は粋人らしく、寿司屋の親方は「私に共感してスミイカを握ってくれているか」とのつかみから、メンタライゼーションの論考に入ります。メンタライゼーションでは、支持や共感が強調されますが、それは、患者と治療者とのあいだの愛着関係の形成を重視するためです。ですが同時に、「わかりあう」ことの不可能性も踏まえているのです。はてさて、寿司屋の親方は、共感しているのでしょうか？

岡田は精神分析家の立場から、「共感」という日常語が、精神分析のなかでは従来重視されてこなかった経緯を検討し、そこから、内的共感／外的共感の区別をもとに、概念の整理に向かっています。そのうえで、「共感神話」、「寄り添い幻想」に陥りやすいこころの働きに分析を加え、同時に、共感や寄り添いを求める私たちの心情にも岡田は理解を示しています。

共感というこころの働きに生物学的根拠を与えようとする時代が到来しました。脳科学からの知見です。共感を司る脳の部位はどこなのでしょうか？　岡野は、まず共感を「情緒的な共感」と「認知的な共感」に分け、それぞれを脳の部位に基礎づけます。さて、サイコパスの脳は、どこに基礎づけられるのでしょうか？　はたまたＡＳＤの脳は？　そもそも心理療法家にふさわしい脳とは？　岡野は踏み込んでいきます。

木部は、ある被虐待児との「とり散らかった」経験を振り返ります。困難例を前にして、木部は患児の置かれた状況への共感力を高めようと、患児との心理療法のほかに、親面接も同時に取り入れます。が、父親からの侵害、母親の無力によって、結果、木部は考える空間を失い、患児ともども、身動きがとれなくなってしまいます。木部の共感のもくろみは裏目に出たのでしょうか？

論考編は、経験豊かな臨床家の執筆ですので、実践編とはひと味違った趣きがあります。読者諸みなさまには、重厚な舌触りのテイストを味わっていただけるでしょうか。

前提であり、達成不可能なもの——メンタライゼーション

池田暁史

私に与えられた役割は、メンタライゼーションの観点から《共感》について検討することです。すぐにそのテーマに取りかかればよいように思われるかもしれませんが、この《共感》という概念については、じつは、日頃からいろいろと思うところがあります。せっかくのこの機会を利用しない手はありません。《共感》に関する私の思いも、しっかり書き込んでみたいと思います。

まずはふたつばかり、私事を書き連ねるところから始めましょう。

共感で診断は可能か

私は一九九九年に大学を卒業すると、そのまま母校の精神科で働き始めました。当時の東大精神科の病棟は、いまと違って離れにありました。正式名称を南研究棟というその建物は、大正時代、一九二五年の建造で、外壁に赤煉瓦を用いていることから一般に「煉瓦棟」とか「赤レンガ」と呼ばれていました。

この南研究棟こそが、一九六八年に始まる東大紛争の震源のひとつであり、他の各局が落ち着いた後も、最後まで闘争の灯を燃やし続けたところなのでした。それゆえ「赤レンガ」という響きは、紛争以降に東大精神科に身を置いた先輩たちにとっては、甘かったり、苦かったり、痛々しかったり、いずれにしろさまざまな気持ちを掻き立てるものなのですが、私が働き始める数年前には、およそ三〇年に及んだ混乱に終止符が打たれ「正常化」していました。

中庭をコの字型に囲むように煉瓦棟は建っており、その一階部分の約三分の二が精神科の病棟でした。秋になると色づいた公孫樹(いちょう)の落ち葉で一面が黄金色に覆われる中庭の美しさは特筆もので、精神科の患者が過ごす入院環境としては、なかなかに優れたものだったと思っています。

私の研修医生活は、ここで入院患者を受けもつことから始まりました。一人が退院していけば、また新たに一人を受け入れるという感じで、常時四、五人の患者を担当していましたが、この間、診断に悩むという経験を私はほとんどしませんでした。

それというのも、当時の私は診断する必要がなかったのです。なぜかといえば、病歴を聴くだけで患者のことが手に取るように「わかってしまう」からです。強いていえば、患者の体験や気持ちを追体験していた、ということなのでしょうが、それはそんな生易しいものではありませんでした。患者の話を聞いているうちに、私はほぼ患者になっていたのです。それなので、自分の身にいま起こっていることに名前をつけさえすれば、それが自動的に診断になっていたのです。そしておそらく――相当に昔のことなので自分でもあまりはっきりとは憶えていないのですが――当時の私は、これを「圧倒的な共感力」のなせる業と思っていました。

とはいえ、すべてのケースにこの方法が通用したわけではありません。いくら話を聞いても、その患者になれない。そういう一群の人たちがいました。ただ、それにもすぐに対応できました。私が患者になれないのは、相手が器質性精神障碍か発達障碍の場合に限られることが経験上わかってきたからです。それなのでこの場合も、診断をつけるという意味ではほぼ悩みませんでした。

一年間、東大病院の精神科で研修を受けたのち、私はローテーションで他の病院に移りました。そこで研修医二年目を迎えたわけですが、私のこの不思議な診断能力は、いつの間にか――おそらく二年目が終わるころには――ほぼ消失していました。

それから二十年以上が経過し、私の臨床は、オフィスでの精神分析家としての実践が中心になっています。その一方で、いまでも週六時間は精神科医として知人のクリニックで通常の保険診療に携わっています。初診も年七〇〜八〇例、多い年だと一〇〇例ほど担当しています。

しかし、診断も含めて、患者についてはわからないことだらけです。いまの私には、研修したての頃のような「患者のこころが手に取るようにわかる」という体験はあまりありません。「わからないなぁ……。あぁなのかな……こうなのかな……」と、いつも迷っています。

ただし、そのことに困ってもいません。つまり私は、現在の自分の臨床において《共感》にほとんど重きを置いていないのです。――そもそも、かつての私の「患者のこころが手に取るようにわかる」という体験は《共感》によるものなのでしょうか。

鮨屋の親方は共感しているのか

別のところ〔池田 2022〕にも書いたことがあるのですが、私は鮨が好きです。鮨好きの先輩に教えてもらった店を何軒か回ってみたのが始まりだったのですが、そのうちの一軒の親方にとても可愛がってもらって、以降すっかり魅力に取りつかれてしまいました。初めてきちんと仕事をした江戸前の鮨を食べてから、もうすぐ二十年になります。近頃になってようやく、他の人に読んでもらえる水準の文章が書けるくらい、江戸前鮨という文化が自分のなかに内在化されていると思えるようになってきました。

そんな私にとって目下の大きな悩みは、漁獲高減と需要増により、江戸前鮨に使う魚介の値段がどんどん高くなってきていることです。これは当然鮨屋における支払額に反映されます。この五年ほどで、鮨屋で「おまかせ」を食べたときの支払額は一・五倍、店によっては二倍近くにまで膨らんでいます。いいかげん国民の平均所得が上がらないと、日本人が江戸前鮨を口にできない時代が来てしまいかねません。

もうひとつ最近、気になりだしているのが、東京の江戸前鮨で使われる種(タネ)がどこも非常に似通ってきているということです。「鮨さいとう」なら久兵衛の系譜、「銀座青空(はるたか)」なら与志乃の系譜というように、鮨屋はそれぞれ系譜が異なります。同じ江戸前鮨といっても系譜が違えば、本来、仕事の中身も違ってきます。もちろん酢飯の方向性や、種の締め方など、そうした系譜を感じられる要素はいまも沢山あります。一方で種の選択に関しては、系譜に関係なく、どこも似たようなものになってきています。たとえば、駅弁でも有名な富山のマス寿司にも使われるサクラマスですが、近年、多くの江戸前鮨店で春の魚として握りに使われるようになっています。「サーモンは握らない」というのが江戸前鮨におけるある種の不文律なのですが、サクラマスに関しては、親方も客もこの時期の旬の種として楽しんでいるようです。

このように、新たに定番化する鮨種がある一方で、江戸前鮨の伝統的な種であるマカジキや、仕事が面倒なイカの印籠などは多くの店から姿を消しています。これもまた、私にとっては心配なことです。皆が同じ種しか握らないようになってしまうと、本来なら種の選び方で表現できるはずの親方の個性が埋没していってしまうことになりかねません。

とはいえ、そのような状況でも優れた親方は自分の好みを巧みに表現しています。たとえば、イカの選び方です。江戸前でイカの握りといえば、夏のアオリイカと冬のスミイカが代表です。多くの親方が季節でこれらを使い分けます。アオリイカはねっとりとした舌ざわりと口のなかに目一杯広がる甘みが特徴です。スミイカは歯ざわりの軽快さと品のよい香味が身上で、上質なものになると口のなかで本当にサクサクと音がするような歯切れのよさを堪能できます。

この紹介の仕方でおわかりかもしれませんが、私はアオリイカよりもスミイカの握りの方が圧倒的に好きです。しかし、春先になるとスミイカは身の薄いものが多くなってきて、持ち味を発揮できる個体の入手が難しくなるので、多くの親方は秋に新イカ（スミイカの子ども）が出てくるまで他のイカに切り替えるのです。

しかし「握りにはやはりスミイカだ」と思っていて、一年を通じてなんとかよいスミイカを入手しつづけようと手を尽くす親方もいます。二〇一〇年頃までの「鮨さいとう」がそうでしたし、いまであれば「きざ㐂」がそうです。

こういう鮨屋に行って、満足のいくスミイカの握りを口にすると、私は非常に幸せな気持になります。「スミイカの握りが大好きな俺の気持をわかっていてくれて、こうして食べさせてもらえるだなんて、なんとありがたいんだろう」と思いますし、親方からものすごく共感してもらっているような気持になります。

でも、果たして親方は、私に共感してスミイカを握ってくれているのでしょうか。

メンタライゼーションにおける共感

さて、前述ふたつの疑問には後段で答えることにして、本題に進みましょう。メンタライゼーションにおける《共感》です。

メンタライゼーションとは、ハンガリー出身の精神分析家ピーター・フォナギーらが愛着理論と精神分析をベースに創り出した理論〔Fonagy, et al, 2002〕であり、技法〔Bateman & Fonagy 2004〕です。その要点は、人を「こころを備えた存在」と看做し、自分も含めた「人の言動を**こころという観点から**理解する能力」を涵養していくことにあります。ここではこれ以上の説明を行う紙幅はありませんので、もっと詳しく知りたい方は拙著〔池田 2021〕などを参照してください。

さて、結論から述べると、メンタライゼーション理論は《共感》という概念に対して非常に両価的、アンビヴァレントなスタンスを取っています。どう両価的なのかというと、明示的には治療のために「不可欠な前提」として共感を位置づけておきながら、黙示的には「達成不可能なもの」として扱っているということです。それをいまからみていきましょう。

前提としての共感

図1にメンタライゼーションに基づく治療 *mentalization-based treatment; MBT* の介入の手順を紹介しています。これによると、介入の第一歩が〈支持／共感〉となっています。「患者の不安が高い場面では、支持や共感を示しなさい」ということです。たとえば、次のようなやり取りのことをいいます。

患　者　先生、すみません。また切っちゃいました……。

治療者　そうですか。先週の面接のときも、しばらく切らない状態が続いていることを嬉しそうに報告していらしたあなたですから、他の誰よりもあなた自身が、いちばんガッカリしていらっしゃることでしょう。

彼らが最初の段階でこうした介入を重視するのは、MBTを開発したベイトマンとフォナギーが「自我心理学」をベースにする人たちだからです。自我心理学とは、ロンドンではジークムント・フロイトの娘であるアナ・フロイト、米国ではハインツ・ハルトマンやエリク・エリクソンを中心に発展した精神分析の学派のひとつで、治療的介入を始める前に患者－治療者間での良好な関係性（治療同盟）をしっかりと確立することを重視します。フォナギーはハンガリー出身ですが、英国で分析家になった臨床家です。彼の恩師はジョセフ・サンドラーという人でしたが、このサンドラーはアナ・フロイトの高弟でした。すなわち、フォナギーはアナ・フロイト直系の孫弟子であり、ロンドンの自我心理学派の正当な後継者なのです。

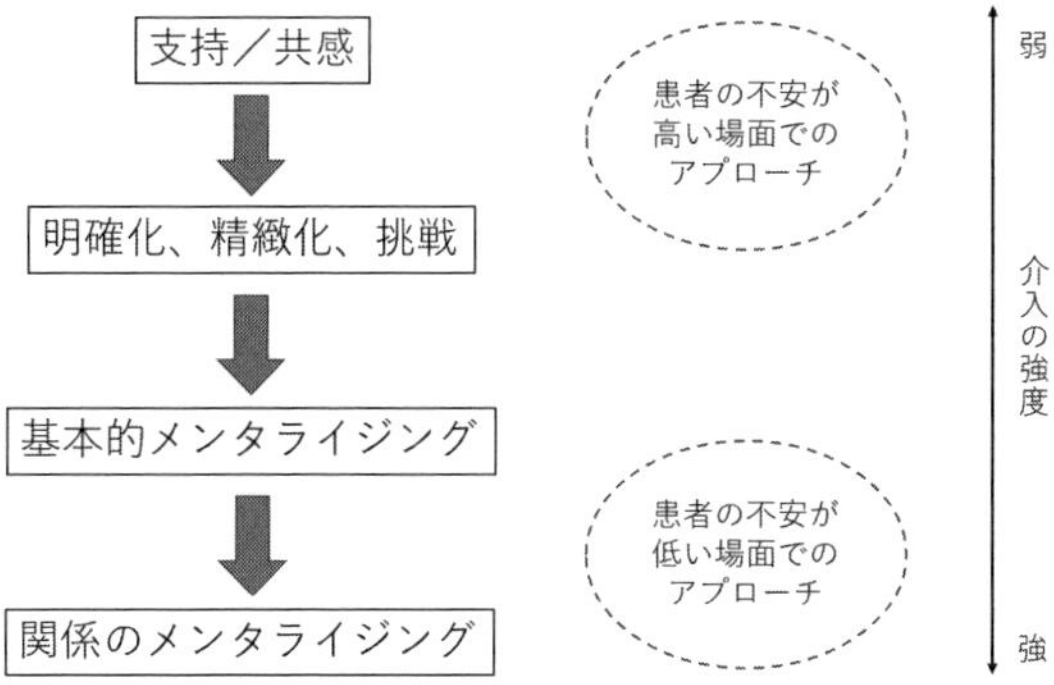

したがって、彼らが治療の初期に支持や共感を強調するのは、まさに〈治療同盟〉の確立そのものに他ならないのですが、彼らは治療同盟という言葉をあえて使いません。かわりに〈愛着理論〉をもってきて、患者と治療者とのあいだで安定した愛着関係を形成しよう、というのです。

〈愛着理論〉を導入することによって、次のような説明が可能になります。

①不安や恐怖に晒されている患者では、愛着システムが活性化し、愛着人物に近づこうとす

図1　介入の手順〔池田 2021〕

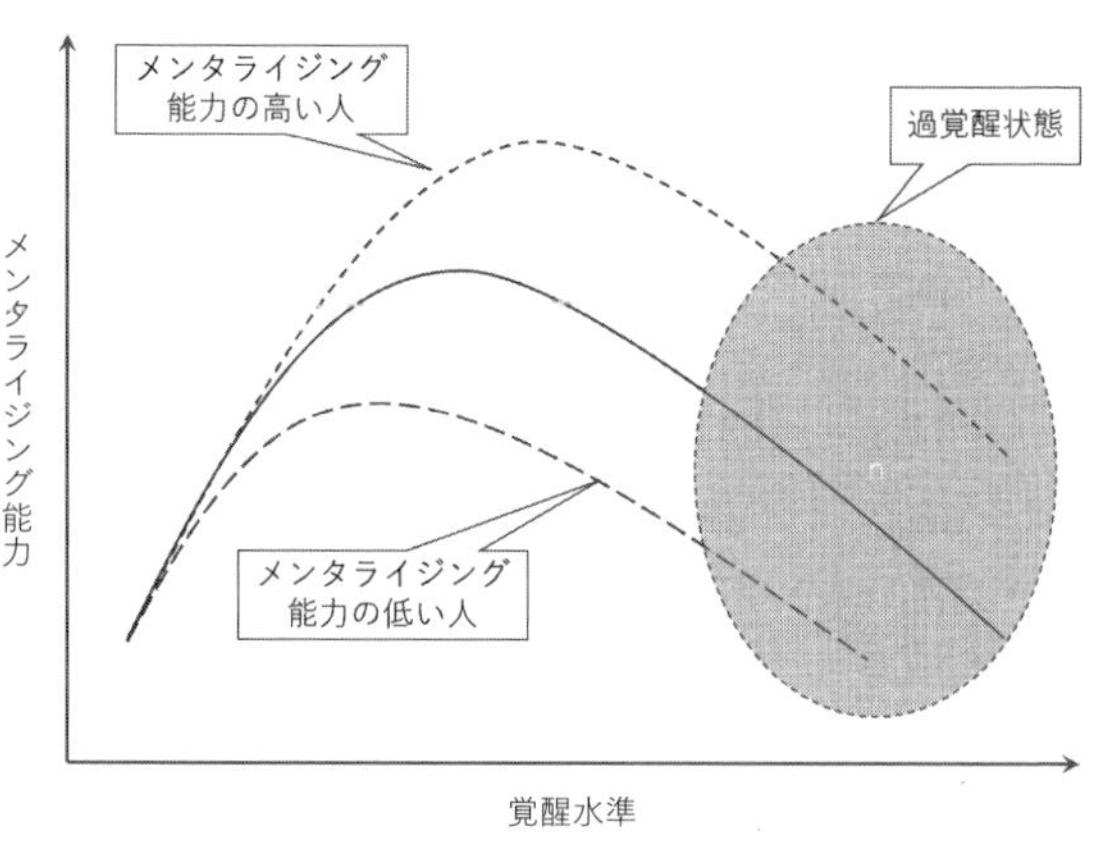

図２　覚醒水準とメンタライジング能力〔池田 2023〕

る要求が高まる。——②一方で、不安や恐怖は患者の覚醒水準を高め、メンタライジング能力を低下させる【図２】。——③したがって、愛着システムが活性化している（治療者の支援を求めている）人は、メンタライジング能力が低下している。——④メンタライジング能力が低下している人は、十全に考えることができない。——⑤それゆえ心理的支援を始めるに当たっては、まず考えられる状態を作り出す必要がある。——⑥考えられるようになる（メンタライジングできるようにする）ためには、患者の覚醒水準を下げることが重要になる。——⑦覚醒水準を下げるためには、不安や恐怖を和らげる必要がある。——⑧よって、患者の不安や恐怖を和らげる介入が重要な意味をもつ。

したがって、ここでいう「支持／共感」とは、患者の覚醒水準を下げるための手法ということになります。《共感》という言葉を使っていても、必ずしも患者の気持を「理解して寄り添う」ことを目指している訳ではありません。もちろん、結果的にこれらは重なることもあるでしょう。しかし、ＭＢＴの初期介入技法としての《共感》の目的が、「寄り添う」といった抽象的なものではなく「患者の覚醒水準を下げる」という具体的なものであることは、強調しておきたいと思います。

ＭＢＴの《共感》は、目標が具体的であるがゆえに、結果も具体的にわかります。要するに、患者の覚醒水準が下がる、すなわち患者の情動興奮が鎮静化するようであれば「支持／共感」がうまくできたことになるし、患者の情動興奮が治まらないようであれば失敗しているということになるのです。「寄り添う」という、誰が成否を判断できるかもわからない抽象的な水準のものではありません。だからこそ、治療の前提になりうるともいえるわけです。

達成不可能なものとしての共感

このように技法としての共感を強調する一方で、ＭＢＴは「わかりえないという姿勢 *not-knowable stance*」をも強調します。これは一般には not-knowing stance*といわれることが多いのですが、私は彼らが稀に使う not-knowable という表現の方がより適切だと思っているので、本稿ではこちらを採用したいと思います。

「わかりえないという姿勢」とはなんでしょうか。私たちが共有すべき大前提は、**人のこころは目にみえない**ということです。私たちは誰もこころというものを直接目にすることはできないのです。

意中の人に告白したときに相手が俯いたまま黙り込んでしまったなら、果たして喜んでくれているのか、戸惑わせてしまったのか、それとも嫌がられているのか、私たちには容易にはわかりません。やがて相手が目を潤ませながら顔を上げたとしても、それが受諾の喜びの涙なのか、断ることへの申し訳なさからくる涙なのかは、返事を聞くまで私たちにはわからないのです。それに、そこで断られたからといって、相手が自分のことを本当に愛していないのかもわかりません。もちろん、いまの時代、断られるとしたら好かれていない可能性が相当に高いわけですが、本当は相手も自分のことを好きなのに家庭の事情（たとえば親の決めた絶対的な許嫁がいる）とか健康状態（たとえば遺伝性の疾患に罹患している）とかのために泣く泣く断っているのかもしれないのです。そして、相手の秘めた気持を私たちが知ることは一生ないかもしれないのです。

人のこころは目にみえない、というフレーズを目にしたときに「相手の表情や、態度、ふるまいをみていれば、相手の気持なんてわかるよね」とか「相手の気持がわからないんだったら、聞けばいいじゃない」と思った人には、これらの点を踏まえてもう一度考えてみて欲しいと思います。人は嬉しいときだけでなく、怒っているときや悲しいときでも笑うことがあるし、聞かれたときに常に本心を語るわけでもないのです。

さらに話を進めると、人のこころは目に見えないというとき、ここでの「人」には、他者だけでなく自分自身も含まれます。「自分のこころなんて自分で体験してるんだから、目でみえなくても、自分の胸に手を当ててよく考えてみればわかるだろう」と思う人もいるかもしれません。しかし、そうではないのです。吊り橋の上でドキドキしたときに、それが「落ちそうだ」という恐怖なのか、それとも目の前の相手への「恋心」なのか、どちらなのかわからなくなってしまう（俗に「吊り橋効果」といわれています）程度の精度しか私たちのこころは持ち合わせていないのです。

ここで次の前提が出てきます。それは、「人は自分のこころを本当にわかっているわけではない」というものです。そもそもこれは、メンタライゼーション理論の母体のひとつとなった精神分析の基本概念です。自分では自分のこころがわからないので他者（精神分析家）が必要になるのです。とはいえ、それは「分析家が患者のこころをわかっている」ことを意味しません。分析家は高みから患者を見渡し、みずからが知っている「正解」へと患者を導くような存在ではありません。「みずからの存在をもって、患者のこころの基盤を構成している思い込みの世界を、異化する」こと、それが分析家の仕事です。

自分のこころすら本当にはわからないのですから、いわんや他者のこころにおいておや、です。精神分析の考え方を深く引き継ぐメンタライゼーション理論でも「人のこころは究極的にはわかり得ないものである」という点を強調します。この観点からは、《共感》とは実現不可能な、ある種の空想の産物であるということが暗に示唆されているわけです。

これが「明示的には治療のために不可欠な前提として共感を位置づけておきながら、黙示的には達成不可能なものとして扱っている」と私が述べた理由になります。メンタライゼーション理論は、**理念としての共感と技法としての共感**とを使い分けているともいえます。

＊ not-knowing stance は「無知の姿勢」や「不知の姿勢」と訳されることも多いのですが、私個人はよい訳語とは思っていません。あえて訳せば「わかっていないという姿勢」がもっとも語の意味を適切に捉えていると考えますが、それでも「わかり得ないという姿勢」が伝えうるだけのニュアンスは持ち合わせていないと思っています。

共感とはなにか

さてここで、前掲のふたつの疑問に答えてみましょう。

私の「患者のこころが手に取るようにわかる」という体験は、《共感》によるものなのでしょうか？　いうまでもないことですが、人には通常、そのような能力は与えられていません。ドナルド・W・ウィニコットという英国の分析家は、妊娠の終わり頃から産後数週間にかけて、母親にはまるで自分の一部であるかのように「乳児の感じていることがわかる」時期があると述べて、それを「原初の母親的没頭」〔1956〕と名づけました。そして、妊娠していない人にそのような状態が表れているとしたら、それは病気である、と述べました。私に起こっていたことが本当にそのような類のものであったなら、私は病気ということになってしまいます。

普通に考えれば、当時の私は「わかったつもり」になっていただけなのだと思います。これはメンタライゼーションでいうところの〈疑似メンタライジング〉〔池田 2021〕です。それは、**人のこころの曖昧さ**を無視して「この人はこう思っているに違いない」と決め打ちしてしまうような場合をいいます。人のこころについて考えているようでいて、じつはきちんと考えていないのです。

それなのに診療が曲がりなりにも成立していたのは、やはり、当時の指導医たちが陰に陽にサポートしてくれて、極端に的外れな方向に進まないようある種のガイドをしてくれていたからでしょう。そのなかでこそ私は、仮初めの万能感を体験できたのであり、二年目以降に研修先が変わり大学病院ほどの手厚いサポートを受けられなくなった状況では、そうした万能感は消失せざるをえなかったのだと思います。

次の「鮨屋の親方は私に共感してスミイカを握ってくれているのか?」問題はどうでしょう。これも答えは「否」でしょう。

もちろん私がお世話になっている親方衆は、私がスミイカの握りを好んでいることは憶えてくれています。とはいえ、当然、自分の店で客に出せる水準のものがないと判断したら、親方はスミイカを仕入れませんし、私にも食べさせようとはしません。親方は予算の範囲内で自分の鮨をもっとも輝かせると思うイカを仕入れるでしょう。それはアオリイカかもしれないし、煮イカ用のヤリイカかもしれないし、場合によってはシロイカかもしれません。なかには、その日はイカを使わないという決断をする親方もいるでしょう。

ここからわかるのは、親方は自分がその日にできる最高の仕事で客をもてなそうと思って用意をしているだけであり、それが私の好みのど真ん中をつき「共感してもらえた」と感じるのは多くの場合、私の側の結果論であるということです。もちろん、本当に親方が個人のために種を仕入れることもあります。たとえば予約のときに海老アレルギーがあると申告してきた客のためには、親方は海老の代わりに出す種をなにか見繕うでしょう。私が赤ウニを好きなことを知っていて、時期になると入手のために手を尽くしてくれる親方もなかにはいます。しかし、こうした**ありがたい例外**を常態として期待すべきではありません。

私のふたつの体験が示しているのは、《共感》とは「送り手側ではなく受け手側が感じるものだ」ということです。おそらくこのことを初めて明示的に示したのは藤山〔2003〕でしょう。治療における共感とは、治療者の介入を受け手（患者）が「今日はすごく共感してもらったなぁ」と感じたときにはじめて成立するものであって、治療者が自分の意思で一方的に押し付けることは不可能なものです。

メンタライゼーション理論も、**こころの曖昧さ**を強調することで《共感》の不可能性に言及しているといえます。もっとも、「人のこころは究極的にはわかりえないものである」という言葉で彼らが何をいわんとしているのか、を誤解してはいけません。彼らが強調しているのは「どうせ理解できないのだから諦めよう」ということではありません。「わかりえないからこそ考え続けよう」、「言葉にする努力を重ねていこう」という前向きなメッセージがそこにはあります。

そして一部の患者は、その探索の過程（プロセス）そのものを「共感的だ」と体験する可能性があります。もちろん、結果的に患者は「やっぱり共感してもらえなかった」と感じて終わることもあり得るわけで、そこには一定の留保が必要ですが、もしかしたらメンタライゼーション理論は《共感》の新たな様式を提案しているのかもしれません。

おわりに

メンタライゼーション理論におけるふたつの共感概念を紹介したうえで、私の体験も交えながら、「共感の不可能性」を論じました。一般に《共感》は受け手側が結果論として感じるものであり、送り手側が意図できるものではないことを示しました。しかし、メンタライゼーション理論では、患者が結果ではなく過程（プロセス）に「共感」を見出すかもしれない、という点を指摘し、《共感》の新たな可能性に言及しました。

Bateman A, Fonagy P. (2004) *Psychotherapy for Borderline Personality Disorder: Mentalization-based Treatment.* Oxford University Press. 狩野力八郎・白波瀬丈一郎監訳（2008）『メンタライゼーションと境界パーソナリティ障害――ＭＢＴが拓く精神分析的精神療法の新たな展開』岩崎学術出版社

Fonagy P, Gergely G, Jurist E et al. (2002) Affect regulation, Mentalization, and the Development of the Self. Other Press.

藤山直樹（2003）「共感という罠――不可能な可能性」『精神分析という営み』岩崎学術出版社

池田暁史（2021）『メンタライゼーションを学ぼう――愛着外傷をのりこえるための臨床アプローチ』日本評論社

池田暁史（2022）「修行と『自己－愛』」学術通信 127: 10-12.

池田暁史（2023）「トラウマへのメンタライゼーションに基づく治療」精神科 42: 224-230

Winnicott D.W. (1956) Primary maternal preoccupation. In, Winnicott D W. 1958. *Collected Papers: Through Peadiatrics to Psycho-Analysis*. Tavistock.　北山修監訳（2005）『小児医学から精神分析へ――ウィニコット臨床論文集』岩崎学術出版社

共感の在処(ありか)——精神分析臨床

岡田暁宜

はじめに

近年、共感*empathy*という言葉は、心理臨床において「共感する」「共感的受容」「共感的承認」「共感的理解」など、治療者の臨床的な態度や接近の様式や特徴としてしばしば用いられます。《共感》を心理面接や心理療法の臨床的な態度の基本や治療機序の中心に位置づける技法や学派もあり、ひとつの治療文化を形成しているように思います。また医療職や心理職を含む援助職などを中心に、「寄り添う」という言葉をしばしば耳にすることもあり、それもひとつの職業文化を形成しているように思います。

本書では、さらに《共感》や《寄り添い》は、治療文化や職業文化を越えて、心理臨床においてイデオロギー化しているのではないだろうか？　という印象とともに、心理臨床において「共感は本当に可能なのか」「共感できないことは失敗なのか」「共感は本当に必要なのか」という臨床上の疑問が提示されているように思います。

このような臨床上の疑問が生まれる背景には、私たちが心理臨床で出会う人たちのなかに、いわゆる発達障害やパーソナリティ障害や虐待後遺症などを抱える方たちが増えているという印象があるようです。そうした臨床上の疑問提示を受けて、本稿において私は「精神分析臨床において、共感というものが何処にあるのか」ということについて論じたいと思います。

精神分析と共感

精神分析における共感――概念・現象・過程・技法

私たちが「共感」という日常語に対して抱くイメージは、文字どおり「共に感じる」ことかもしれませんが、精神分析臨床において「共に感じる *feeling with*」ことを示すのは「同情 *sympathy*」であり、《共感》という用語は「感じ入る／気持を入れる *feeling into*」という意味で、日常語では「察する」「気持を汲む」という表現がそれに相当するとされています。

これに対して、「寄り添う」は、日常語でいう「共感」をイメージさせるかもしれませんが、精神分析臨床においては、心理的に相手の側にいて相手の立場になって考えることであり、むしろ *sympathy* 思いやり／同情を指しているように思います。

精神分析概念としての《共感》は、相手の体験を我がことのように受け止める力動であると考えられており、代理的内省 *vicarious introspection* と呼ばれることもあります〔Wolf, E.S. 1988〕。そこには「相手の内的体験が自分に向けられる」力動と「自分の内的体験を相手に向ける」力動の、双方向の力動があるでしょう。実際の精神分析臨床において、意識的 - 無意識的交流によって、治療者と患者双方の自我は、一時的かつ部分的に退行することになります。その結果、治療者が患者の内的体験を我がことのように体験する瞬間や状況が起こります。換言すれば、二人の人間が内的に交流すればおのずと、治療者と患者のこころが重なる部分が生じるということです。

これは、生きた人間関係において必ず起きる力動的な現象といえるでしょう。治療者は《共感》という力動的な現象を通じて、患者の内的体験とつながることにより、患者の内的世界や内的体験を知ることが期待されます。そこには、治療経過において治療者のこころが患者への共感に向かう内的過程があるでしょう。冒頭で述べた心理臨床における治療者の臨床的な態度や接近などの技法として共感は、治療者主導の能動的-意識的-意図的なものであり、「外的共感」といえるように思いますし、「寄り添い」や「寄り添う」という臨床的な態度や接近も行為として「外的共感」に含まれるように思います。

それに対して、精神分析臨床における〈代理的内省〉などの力動的な現象としての《共感》は、治療者と患者の双方も内的体験であり、本来、受身的-無意的-非意図的なものなので「内的共感」といえるように思います。精神分析過程において治療者は、患者と内的-外的に交流しながら、自分自身のこころのなかに患者の一部を映し出し、患者のこころのなかに自分自身を映し出すことによって「内的対話」が起こり、こころのなかで自己分析を続けています。

いずれにしても、精神分析における《共感》は概念であり、現象であり、過程であり、技法でもあるといえると思いますが、精神分析臨床において《共感》の意味することが治療者側の内的体験なのか、それとも患者側の内的体験なのか、という点において曖昧さのある概念であるといえるでしょう。

今日、精神分析にはさまざまな学派があり、それぞれの学派には学派を形成する理論があり、それぞれの理論には理論を裏づける疾患群があります。《共感》との関連でいえば、H・コフートが始めた「自己心理学 *self-psychology*」を掲げるコフート派 *Kohutian* は、〈自己愛性パーソナリティ障害〉の臨床経験に基づいており、《共感》を最も重視する学派といえるでしょう。[1]

〈自己〉とは体験の主体であり、「自分」という言葉で置き換えることもできます。自己心理学によれば、子どもの自己は、「自分は凄い」という誇大的な自己と「自分の親は凄い」という理想化された親のイマーゴと呼ばれる内的なイメージからなる、二つの原始的な自己の極がバラバラでまとまっていない状態であると考えられています。親が子どもに対して一貫性のある**共感的な関わり**を続けることで、子どもの二つの原始的な自己の極は、相互に連続性を保ちながら、やがてまとまりのある自己へと成長してゆきます。

そのような心的過程において、誇大的な自己は目標や向上心へ、理想化された親のイマーゴは理想や規範へと、それぞれ変容してゆくのが、健康な〈自己〉の発達過程であるとされています。このような親の共感的な関わりは、人間にとっての酸素のように、子どものこころにとって必要不可欠なものであり、「親による共感の欠如や不全によって自己の発達が停止したままの病態」が自己愛性パーソナリティ障害の病理であると考えられています。

このような病態理解は、基本的に自我の葛藤モデルではなく、自己の欠損モデルに基づいていますので、治療においては「いかに欠損を補うか」ということが課題になります。よって、治療者が一貫性のある共感的な態度で患者に関わり続けることで、それまで停止していた自己の成長の再開を促すことが主な治療目標であり、そのような治療者の共感機能や治療者との関係性が患者自身のこころのなかに内在化されることが、主な治療機序とされています。

こうした自己心理学でいう《共感》とは、患者が「自分の一部あるいは自分の延長として体験することのできる対象との内的関係を保ち続ける」ことを意味します。このような対象は〈自己対象 *self-object*〉と呼ばれます。ここで特に重要なことは、このような自己－自己対象関係は、自己愛性パーソナリティ障害に特有の関係ではなく、すべての治療関係の基盤となる関係であり、さらには人間が生涯に渡って必要としている関係であるということです。

以上のような「自己の発達論」と〈自己愛性パーソナリティ障害〉をめぐる病態論と治療論を示した自己心理学は、S・フロイトが論じたエディプス期における父母子の三者関係をめぐる葛藤モデルから、前エディプス期における「母子の二者関係をめぐる欠損モデル」へと精神分析のモデルを拡大し、精神分析臨床における〈支持〉の意義を高め、受身的で中立的な態度から、**能動的で交流的な態度**へと精神分析の治療技法を拡大したといえるでしょう。

このように、今日の精神分析臨床において《共感》の意義は増しているように思われます。

こうして、今日の精神分析において《共感》という概念の意義は増しているように思いますが、精神分析に携わる臨床家には、日常語としての「共感」の意味を理解したうえで、《共感》という概念や技法に対するさまざまな臨床的な態度があるように思います。

第一に、精神分析臨床において《共感》という概念を使用せず、〈転移-逆転移〉や〈投影〉や〈同一化〉などの概念でこれらの現象を理解する立場があるように思います。そこには、《共感》という概念のもつ曖昧さが影響していることに加えて、精神分析の訓練を伴う学派に対する同一化の力動があるのかもしれません。

第二に、「共感という概念（特に先に述べた外的共感）は表層的で、支持的で、精神療法的であり、精神分析の本質とは異なる」という考えに基づいて、《共感》という概念を重視しない立場があるように思います。そこには、精神分析の本質を追求する精神分析の純金主義の力動があるのかもしれません。

第三に《共感》という概念を重視しながら、先に述べた外的共感と内的共感を区別し、「真の内的共感は容易に起きることではない」と考えて、安易に共感を目指すことに慎重あるいは否定的な立場があるように思います。そこには精神分析の科学主義の力動があるのかもしれません。

第四に、受身性や中立性や匿名性を重視する伝統的な精神分析から離れて、患者の内的体験を重視する、コフート派の立場があるように思います。そこには、リベラルな立場からの、精神分析の保守主義に対する批判などの力動があるのかもしれません。

こうした腑分けを踏まえて、精神分析臨床における私自身の《共感》に対する臨床的な態度について述べたいと思います。

私自身は、対面での精神分析的精神療法では、心理的に「寄り添う」という治療者の臨床的な態度や接近である〈外的共感〉の意義を尊重していますし、共感という概念よりも、「甘え」や「わかる」という概念を使用する傾向があります〔土居1992〕。また、時代の変化に伴う治療対象の拡大による精神分析の概念や技法の発展には、常に意味があると私は考えています。

よって、精神分析臨床において、患者の内的体験について「わかる」ために、《共感》という概念が意味をもつのであれば、その意味の理解とともに《共感》という概念を使用するという立場です。つまり、自己心理学の技法や《共感》という概念に対して、中立的な立場で自由であることを大切にしています。

このような私の考えは、臨床志向的で臨床経験に基づく臨床主義に基づいています。しかし、精神分析の概念への賛否が問われる状況においては、このような私の考えに共感する精神分析の臨床家は少ないように思います。

共感に関する臨床上の疑問

次に、冒頭で述べた共感をめぐる臨床上の疑問について、精神分析臨床に関して私なりの見解を述べたいと思います。

まず、精神分析臨床において〝共感は本当に可能なのか？〟という疑問についてです。「共感する」「共感的に接近する」などの治療者の共感的態度や共感的接近を指す〈外的共感〉については、それらを困難にする〈逆転移〉が起きていなければ、それほど困難ではないのかもしれませんが、精神分析の本質的な部分ではないのかもしれません。

これに対して、代理的内省など力動的な現象としての〈内的共感〉は、決して不可能ではないと思いますが、共感**できる**、共感が**生じる**といった言葉で表現されるように、治療者の資質や、特性や、病理に関連する共感能力にも拠るでしょうし、それは患者においても同じで、基本的に治療者と患者の双方の内的過程や相互的な治療過程のなかで起こり得る／生じ得る現象ですので、決して容易なことではないように思います。

私の考えでは〈内的共感〉は、治療者においても患者においても、目標でも結果でもなく、共感の**瞬間**であり、共感と脱共感の**あいだを揺れ動く過程**であるように思います。

外的共感と内的共感は無関係ではないと思いますが、必ずしも延長にあるとは限らないでしょう。精神分析臨床は、治療者の体験と患者の体験は基本的に異なるところから始まると考えれば、無意識的であっても、治療者と患者の内的体験が共有されることは極めて希なことなのかもしれません。治療者が外的共感を実践していても内的共感からは程遠いことや、その反対に、治療者が外的共感を実践していなくても内的共感が生じることもあるでしょう。

そもそも「共感は本当に可能なのか?」という疑問以前に「共感をどのように知るのか?」という疑問があるように思います。この疑問に対して、内的体験である内的共感の発生や生成を実証することは難しいので、治療者や患者の情緒や言動に顕れるもの以外に《共感》の在処を知ることはできないように思います。

次に、精神分析臨床において〝共感できないことは失敗なのか?〟という疑問についてです。心理臨床において「傾聴する」「患者の立場になって考える」などの共感的態度や共感的接近などの〈外的共感〉が適切に実践できなければ、それはある意味で、臨床上の失敗といえるのかもしれません。

前に述べたように、治療者や患者の内的体験である内的共感を意識的-意図的に起こすことはできませんし、患者が治療者に求める共感はしばしば幻想的で非現実的ですので、治療者が患者の体験に共感できないこと、あるいは患者が治療者に「共感された」と体験できないこと、などの共感の失敗や不全は、精神分析臨床においては避けられないように思います。その意味で、共感および共感の失敗や不全は、転移に対する逆転移を巻き込んだ治療過程の現象として理解されるように思います。

よって、ここで重要なことは、治療方針を含む技法上の基本的な過ちや倫理問題に抵触する過ちでなくても、治療者に共感されるニードのある患者にとって「治療者に共感されたと体験できない」時には、患者の多くは傷つきそして怒りを体験し、治療者の関わりを治療上の失敗として体験するということです。そのような場合には、治療者による「第一の共感」の失敗や不全に対する患者の体験に向けた「第二の共感」が、治療者に求められるように思います。

最後に、精神分析臨床において〝共感は本当に必要なのか？〟という疑問についてです。前提として、人間にとって子どもの頃に親に共感される体験は、本当に必要であるといえるでしょう。治療者に共感されるニードのある患者は、記憶として想起できなくても、「共感された」という体験はこころのどこかに存在するように思います。共感されたという良い体験が「共感されない」という悪い体験によって、覆い隠されたり、排除されたり、攻撃されたりしているのでしょう。それらの体験は〈転移〉として、精神分析臨床の場面においてさまざまな形で再現されます。

よって、精神分析臨床において患者には「治療者に共感される」という体験と同時に「治療者に共感されない」という体験も必要であり、患者は「治療者に共感されない」という体験をすることによって「治療者に共感される」という体験が生まれるように思います。そこには「治療者に共感されないということを治療者に共感される」という〝共感のパラドックス〟があるように思います。

患者が治療関係を通じて、《共感》をほどよく体験することができれば、「人は、他者に自分のことをわかってもらえる時や部分もあれば、わかってもらえない時や部分もある」という、ひとつの真理を受け入れることができるように思います。

「共感神話」と「寄り添い幻想」

本書の主題の背景には、心理臨床における治療者の「共感神話」と患者の「寄り添い幻想」があるように私は思います。次に、それらに対する私なりの見解を述べたいと思います。

「共感神話」をめぐって

人間の社会や文化には、その成り立ちにおいて、現実には起こりえない神話がしばしば生まれます。それは精神分析においても同様です。「中立性神話」など、近年、精神分析の伝統的な臨床的な態度や原則は「神話」と称されることがあります。

中立性、受動性、匿名性、禁欲原則などの臨床的な態度や、原則とされる伝統的な精神分析の技法は、精神分析の臨床家にとっては、ある種の理想化された理念であり、訓練による伝承を通じて、超自我として治療者のこころのなかに留まるのかもしれません。むしろ、理想化された精神分析の理念をめぐるみずからの超自我から自由になり、「治療者としての**自分らしさ**」を体現することが、精神分析の訓練であるように私は思います。

そのうえで《共感》という精神分析の概念について考えれば、既に述べた〈外的共感〉は、伝統的な精神分析の臨床的な態度に対する反動として捉えることができるように思いますが、《内的共感》については、精神分析の内部ではさまざまな議論や見解があり、神話とまではいえないでしょう。しかし本書の主題にあるように、近年の心理臨床においては、理想化された理念に彩られた〝共感神話〟があるのかもしれません。しかし、いわゆる発達障害やパーソナリティ障害や虐待後遺症などの生物学的障害や重度の自我障害などを抱える患者が、治療者との共感体験を通じて症状が軽減して適応が向上することを治療者が信じて疑わないのであれば、そこには、万能的な「共感幻想」があるのかもしれません。

「寄り添い幻想」をめぐって

医療機関で精神科医として初診の患者の診察をすると、『前の先生はわたしの話をあまり聴いてくれなかった』『前の先生はあまり寄り添ってくれなかった』などと言われることがあります。それは、前医への依存や甘えや退行などの力動として理解できるかもしれませんが、患者は、程度の差はあっても、「自分に寄り添ってもらいたい」という気持を潜在的にもっているように思います。それは〝寄り添い幻想〟といえるかもしれません。

しかし、精神科の医療機関では以前から、初診を除いて一人一時間という時間枠を設定することは難しく、必要に応じて精神科医の診察に並行して、臨床心理士が心理面接をおこなうという治療設定が浸透してきました。ある意味で、心理職が医療職の代わりに患者に寄り添ってきたわけです。

それが最近では、心理職による心理面接でも一人三〇分という時間枠で隔週や月一回という治療設定も増えており、心理職であっても、患者に十分に寄り添うことはできていないように思います。医療機関において、医療職も心理職も「自分に寄り添って欲しい」という患者の期待に十分に応えられない状況があるように思います。

心理臨床をめぐる近年の動向として、国民の心の健康の保持増進に寄与することを目的に、二〇一五年に公認心理師法が公布されました。これにより、心理に関する支援を要する者として、公認心理師の社会的役割は今後さらに増してゆくでしょう。

その活動は、医療の他に、福祉・教育・産業・司法などの広い領域に跨がっており、そこには、医療のみで抱えることの難しい、いわゆる発達障害やパーソナリティ障害や虐待後遺症などを抱える人々のこころを支える身近な存在として、国民からの期待があるように思います。特にコロナの後、遠隔・平面・デジタルというオンラインでの人間関係が増して、私たちは「寄り添いのない時代」を生きているように思います。そのようななかで、社会から〝寄り添い幻想〟が心理職を含む援助職に転移されて、社会的にある意味で宗教的な役割を求められているのかもしれません。

文化論としてみると、近年の〝寄り添い幻想〟の起源は、幼い頃に体験した母親による「添い寝」の体験があるように思います。自分の側にいて自分の立場になってもらうことを、人間は生涯にわたって求めているように思います。今日、社会のなかには、医療職や心理職を含む援助職の周辺に、さまざまな援助をする役割や仕事があるように思います。例えば、アルコールを提供しながら人間関係を営む接客業、かつての「援助交際」や近年の「パパ活」など出会い系のアプリを用いた人間関係などは、人間が「共感」や「寄り添い」を求めていることの表れであるように思います。

共感と寄り添いの力動

既に述べたように「共感」「寄り添い」は日常語であり、それぞれ共感*empathy*・思いやり*sympathy*という専門用語でもあります。実際の精神分析臨床において、治療者は患者と関わる際に専門用語を用いているわけではなく、日常語で話していますので、どのような意味や文脈で「共感」や「寄り添い」という言葉を使用しているのか、ということが重要です。

例えば、患者や相談者から『もっと共感して欲しい』『もっと寄り添って欲しい』という気持が直接語られることもあれば、言葉ではなくても、共感や寄り添いを求めるような様子もあるでしょう。それらは「共感転移」「寄り添い転移」として理解することができるでしょう。

臨床的には、そのような転移を向けられた援助職がどのような体験と行動をするか、ということが重要です。それぞれの事例についての吟味する必要があるでしょう。事例によっては、それらの転移を満たす必要がある場合や、満たさない方がよい場合もあるでしょうし、それらの転移の背後に、羨望・支配・無力感・不安などの力動が潜んでいる場合があるでしょう。

いずれにしても、共感や寄り添いの力動を理解するには、援助職は〈共感神話〉や〈寄り添い幻想〉から自由になり、日常語と専門用語のあいだで、その言動をめぐって患者と援助職の**あいだ**で何が起きているのかを理解することが重要であると思います。

おわりに

本稿においては「共感の在処」というテーマで、共感や寄り添いというものが、治療者や患者のこころの**なか**のどこに在るのか、精神分析の**なか**のどこに在るのか、社会の**なか**のどこに在るのか、ということについて私的な見解を述べました。

本書では「共感や寄り添いの難しさ」が主題ではありますが、「共感」や「寄り添い」という言葉にあらためて触れると、人間としての私は、どこか心地よさを感じますし、温かく、柔らかく、優しい、かつての記憶を思い出します。「共感」や「寄り添い」をめぐる臨床上の困難や課題は、私たちのなかにある体験のどこかに、その在処があるように思います。

今回、本稿の執筆の機会を与えて下さった、祖父江典人先生と細澤仁先生にこころより御礼申し上げます。

土居健郎（1992）『方法としての面接――臨床家のために』医学書院
Wolf, E.S. (1988) *Treating the Self: Elements of Clinical Self Psychology*. The Guilford Press. 安村直己、角田豊訳（2016）『自己心理学入門――コフート理論の実践』金剛出版

S共感とG共感

——脳科学の視点から

岡野憲一郎

はじめに

共感の脳科学的な側面について解説するのが、本章の目的です。近年、脳科学の発展は目覚ましく、これまでは体験的に、ないしは臨床的に論じられることの多かった諸概念に、新たな光が投げかけられています。そして共感もまた、その新たな側面が見出されるようになってきています。

英語のempathyはドイツ語のEinfühlungの直訳とされます。Einfühlungには'feeling into' someone（～の感情に入る）という意味があります。ただし英語圏にはsympathy, empathic concern, compassionなどさまざまな類義語があり、また日本語でも共感を英語のempathyの日本語表現と見なすことにします。そして、その意味としては「他者の体験を目にした際に人が示す反応*reactions of the individual to the observed experiences of another*」〔Davis 1994〕と捉えたうえで論を進めましょう。

このように共感は、その言葉の定義だけでも錯綜した概念ですが、それを理解するうえで、ひとつ注目すべきことがあります。それは、最近は「共感を認知的なそれと、情動的なそれとに分けて論じる」傾向があるということです。つまり、他人の気持を感情レベルで理解するか、認知レベルで（すなわち「理屈で」）理解するかの違いで分ける試みであり、場合によっては「熱い認知*hot cognition*」と「冷たい認知*cold cognition*」などとも呼ばれています〔Brand 1985〕。

果たして共感がこれらふたつに明確に分かれるかどうかは別として、ひとまずこの理論に沿った最近の研究の動向を知り、その臨床的な有効性を論じることには、意義があると考えます。特にいわゆる「こころの理論」に即した理解は、大いに助けになると考えています。そこでDvash & Shamay-Tsoory〔2014〕の論文を手掛かりにしてそれをまとめてみます。

認知的共感とこころの理論

まず認知的な共感については、こころの理論theory of mind〔以下ToM〕をめぐってさまざまな研究がなされています。このToMとは、わかりやすく言えば、他者のこころを類推して理解する能力です。

この用語はPremack & Woodruff〔1978〕による論文「チンパンジーはこころの理論を有するか？ *Does the chimpanzee have a theory of mind?*」において最初に用いられました。それ以後、発達心理学において多くの研究が積み重ねられています。また近年Peter Fonagyなどにより論じられるいわゆる「メンタライゼーション」〔Allen, Fongy 2009〕という表現も、同様の意味あいで用いられています。そして、これが概ね「認知的な共感」に相当すると考えられます。

このToMはもともとは「他人のこころを理論的・認知的に推し量る」というニュアンスが強いものでした。代表的に挙げられる〈サリーとアンの課題〉でも、そこに登場するサリーの与えられた特定の状況における思考を、被検者がどれだけ推し量ることが出来るかが問われていました。しかし興味深いことに、この認知的なプロセスであるToMを、さらに認知的なプロセスと情緒的なプロセスに分けるという試みがなされています。すなわち前者は、相手の認知プロセスを認知的に推し量ることであり、後者は、相手の情緒プロセスを認知的に推し量ることです。さらに言い換えるならば、認知的ToMとは、人がどの様に考えているかを、情緒的なToMとは、人がどの様に感じているかを推し量ることになります。このように「認知的共感」を二つに分けると、共感は以下の①〜③の三種類に分類されることになります。

① 情動的共感
認知的共感 ＝ こころの理論 ―― ②認知的ToM
③情動的ToM

認知的共感をつかさどる脳の部位

ところでこの共感やToMの研究は、脳科学的な研究と結びつくことでさらなる発展を見せています。最近の研究では、脳の画像技術が進歩し、被検者にさまざまな課題を遂行してもらい、それが脳のどの部位でどのように処理されているかに関するデータを収集する、という研究が数多くなされるようになりました。具体的には、被検者にさまざまな人間の視線や表情などの画像を見せることで認知的・情緒的な動きを引き起こし、そこに感情的な表現を加えるかどう

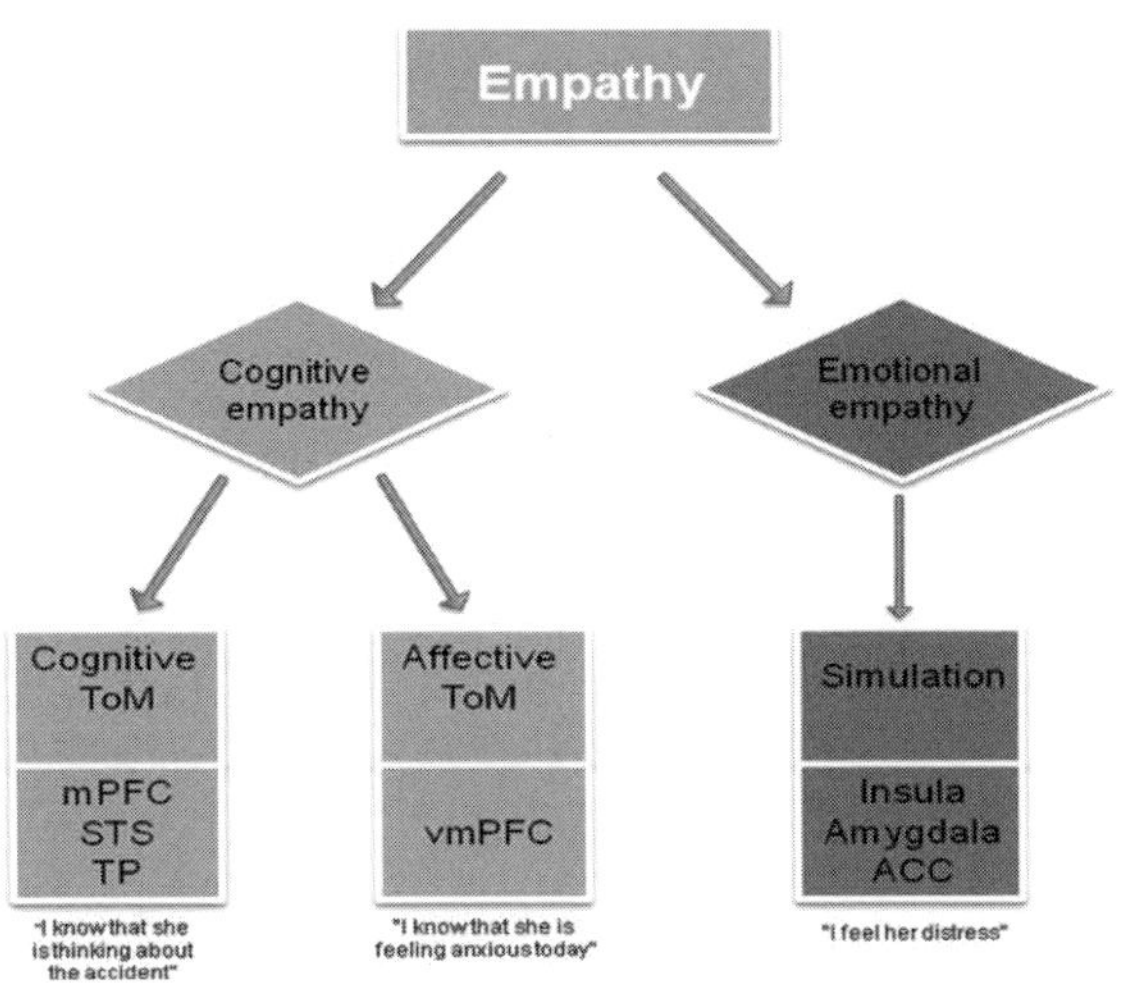

図1 〔Dvash 2014, p.287〕

かなどの課題を行ってもらい、その間の脳の働きをＭＲＩなどで調べるのです〔Shamay-Tsoory, et al 2005〕。

それらの研究結果を本章で詳述することはできませんが、これらの課題遂行時にはたくさんの脳の部位がそれに参加していることが分かっています。Dvashら〔2014〕は、上記のふたつの認知的共感について、次のように脳の局在をまとめています〔図1も参照〕。

認知的ToM：背側前帯状回 *dACC*・背外側前頭皮質 *dorsal lateral PFC*・背内側前頭前野 *dmPFC*・上側頭溝 *superior temporal sulcus*・側頭頭頂接合部 *temporal parietal junction*

情動的ToM：下前頭回 *IFG*・眼窩前頭皮質 *OFC*・副内側前頭前野 *vmPFC*

情動的共感

次に「情動的共感」について考えましょう。これには島皮質・扁桃核・前帯状回などの部位が関係しているとされます。扁桃核は言うまでもなく「情動体験」をつかさどる中心的な部位であり、島皮質は「主観的な感情体験や身体感覚」に深く関与しています。また前帯状回は「行動調節や社会的認知」に関わっているとされます。

ところで、人の感情を理解することに関して提唱されているものには、いわゆる理論説 *theory theory* とシミュレーション説 *Simulation theory* であるとされています。このうち前者では、「情動的共感」を発揮することは、結局は「理論的に相手の感情状態を推し量る」ことに関連していると考えます。

それに対してシミュレーション仮説は、「情動的共感」を説明する代表的な理論です。シミュレーションはここでは、脳を共感を向ける対象と同じように働かせることを意味しますが、そこで必要となるのは理論ではなく、想像であり、表象を用いた「こころの共鳴」です。たとえば百キロマラソンを走り終えた人に「情動的共感」をもつためには、「同じようなマラソンを走り終えた自分」というイメージを膨らませることになります。そしてその際に脳内で、島皮質・扁桃核・前帯状回とともに働くのは、下前頭回であるとされます。また、そのように脳を働かせることには認知的なプロセスも含まれ、その意味では、結局は上述の副内側前頭前野による情動的ToMが同時に関わってきていることになります。

このようにDvash〔p.289〕は、私たちは他人の情動を推し量るうえで、結局、自分自身の体験の記憶〔自伝的な記憶〕の想起が大きく関係しており、その想起の能力と他者の気持を推し量る力には、かなりのオーバーラップが見られると述べます。すなわち個人内 *intrapersonal* ToM、ないしは自己メンタライジング *self-mentalizing* が重要な役割を果たすとします。そして、ここにもまた情動的ToMに関わるとされる副内側前頭前野が関与しているということです。結局、共感は上述のように①〜③にきれいに分かれるわけではなく、「情動的な共感」には、結局は情動的なToMも関与してくると理解するべきでしょう。

サイコパス、自閉症との関連

ちなみにこれらの研究が、いわゆるサイコパスや自閉症スペクトラム障害 *autism spectrum disorder*〔以下ASD〕における脳の機能不全とどの程度関わっているかは、非常に興味深い問題です。

サイコパスは最も共感能力が低い人々と考えられます。脳科学者Fallon〔2013〕は、その自伝的著書「サイコパスインサイド」のなかで、サイコパスに典型的な脳の所見として、眼窩前頭皮質、副内側前頭前野、前帯状皮質、扁桃核の機能不全を挙げています。これらは上述の情動的ToMや「情緒的共感」にだいたい一致していることになります。

これらが先天的に障害された際の病理現象がサイコパスということが出来るでしょう。他方、サイコパスで冒されていないのは認知的ToMということになります。すなわちサイコパスは、相手のこころのあり方を理論的に知ることに長けており、それを利用して他者を搾取することができるのです。

ＡＳＤにおける共感の能力についても検討してみましょう。ＡＳＤはToMに問題があるという説〔Baron-Cohen 1985〕が知られていますが、実際はどうなのでしょうか?

ＡＳＤは社会的なコミュニケーションの問題以外にも、いわゆる「制限された反復的ないしステレオタイプな行動」も見られ、それらの症状に反映されるような、広範にわたる脳の機能の異常が指摘されています。そのなかでもＡＳＤにおける脳の容積の異常は、早くから指摘されています。自閉症児は幼少時は特に前頭葉や側頭葉の容積が正常より大きく、しかし十五歳頃を過ぎると逆に小さくなると報告されています〔Nordahl, et al. 2011 / Carper, et al. 2002〕。

またＡＳＤでは、発達早期に大脳皮質が急速に拡張された後、今度はその皮質の厚さが減少すること指摘されています。さらに、脳の機能異常の具体的な所見についても膨大な情報が蓄積されているものの、その所見は多岐にわたり、そのなかには、再現されなかったり相互に矛盾したりするものも多いとされます。そのひとつの理由としては、ＡＳＤの脳が年代により大きく変化するためであるとも指摘されています〔Ha, et al. 2015〕。そのなかでも、ＡＳＤにおける扁桃核の容積の増大は多く指摘され、またその大きさは、社会的な交流の難しさに比例しているとも言われています〔Schumann, et al. 2009〕。

ただ、全体として言えることは、ＡＳＤにおいては、脳の局所的な異常よりは皮質間の連絡の異常が主たる問題であり、それも局所的には、連絡過多ないしは連絡過少が見られ、全体として「発達的離断症候群 *developmental disconnection syndrome*」と言い表すことができるとされます〔Geschwind 2007〕。そして、いわゆる社会脳エリアと呼ばれる部位（中側頭回・紡錘状回・扁桃核・下前頭回など）の障害が指摘されています〔Philip, Dauvermann et al. 2012〕。また、左側頭葉の言語処理を担う部位と前頭葉との連絡の低下が、社会的な交流の異常と関係が深いという研究もあります〔Hoffman 2016〕。

総じてＡＳＤの共感の異常については、脳科学的な説明が十分になされるにはまだ至っていないという印象を受けます。

サイコパスとＡＳＤは、ともに「共感能力の障害」が論じられていますが、その脳における所見は大きく異なるということが出来るでしょう。サイコパスは共感の欠如／ＡＳＤはToMの障害という切り分け方は、それをやや単純化したものであると言えるでしょう。

共感と右脳

共感の脳科学というテーマに関して、もうひとつ挙げておくべきなのが、Allan Schoreの最近の業績であり、特に右脳に関する研究です。

Schoreは「母子の愛着状況」において生じている現象について脳科学的に研究し、それが母親と乳児とのあいだの脳レベルでの相互交流であることを見出しました。これは「乳幼児がそもそも共感能力を母親との情緒的な交流を介して身に付ける過程」を描き出したという点で注目されます。すでに示した認知的ToMや情緒的ToMで用いられる脳の各部位は、そもそも母親によって鍛え上げられる、と言うことが出来るでしょう。

Schoreは言います――「発達途上の脳の自己組織化は、もうひとつの脳、もうひとつの自己との関係の文脈で生起する」〔Schore 1996, p.60〕。そしてDumas〔2011〕の研究をもとにして、次のように言います。二人の人間が対面して相互交流をした場合「一〇〇〇分の一秒のタイムスケールで、二つの脳の右頭頂部間の同期性が報告されている」と。「右側頭頭頂接合部は、社会的相互作用で活性化されることが知られており、注意処理、知覚による気付き、顔と声の処理、共感的理解の状態に中心的に関与していることを彼らは指摘している」〔Schore 2019／小林訳p.6〕。側頭葉は聴覚皮質において聴覚機能を担当し、頭頂葉は体性感覚をつかさどります。ここには視覚・聴覚・体性・辺縁系の各領域からも入力されます。そして特に母子の右側頭頭頂接合部が、二人の交流において同時に機能するのです。これをSchoreらは「右脳対右脳同期伝達モデル」と呼んでいます。さらに、この側頭頭頂接合部の同期化は、共有されたコミュニケーションの履歴をもつペアでのみ生起したというのです。

このように、共感をつかさどる領域は母子関係を通しても発達する、と考えることが出来るのです。すなわち共感の能力は、生まれつき有する脳の機能やその不全としてだけではなく、愛着関係を含めた発達上の問題により後天的に定まってくる、と考えられるのです。そしてこのことは、そもそも共感の能力は「脳科学的な基盤を有する」とともに、治療関係を含めた「対人関係によっても改変される」可能性を示しているのです。

心理療法家にふさわしい脳

これまでの議論を踏まえて、「心理療法に携わる人にとっては、どのような脳の状態がより効果的となるか?」について論じてみたいと思います。これは、先述の《共感》の種類に関する議論と深く関連しています。臨床家の備えるべき共感能力については、Paul Bloom〔2016〕がその「反共感論」のなかで興味深いエピソードをあげています。

仏僧にして神経科学者のMatthieu Ricardは、二種類の異なる瞑想をすることが出来るといいます。そして、ある瞑想状態において他者の痛みについて考えると「快と高揚を感じた」というのです。そして次に、共感を覚える瞑想状態になり、同じように他者の痛みについて考えると、ただちに「耐えがたい苦痛に見舞われ、燃え尽きたごとく消耗した」そうです。

この話からBloomは、類似してはいても異なる二つの感情を提示します。それらは「偉大な思いやり *great compassion*」とセンチメンタルな思いやり *sentimental compassion* です(ちなみにBloomの著書の日本語訳書では、前者は「思いやり」/後者は「共感」と表現されていますが、ここでは原語に従います)。これらを本章ではより簡便に、それぞれG共感/S共感と言い表すことにしましょう。患者の辛い体験を聞く際に、S共感では、治療者は疲弊させられますが、G共感では、暖かくポジティブな状態でその人を助けたいと願うことになるのです。

これらの共感をつかさどる脳の部位としてBloomは、S共感は島皮質・前帯状回、G共感では内側眼窩前頭皮質・腹側線条体であるとします。すなわちS共感はこれまで論じた「情動的共感」に、G共感は「情動的ToM」に、それぞれ相当すると言えるのです。

このような意味での共感の異なる種類については、仏教においてしばしば論じられていることです。そして、S共感は援助者の生産性を低下させ、その精神衛生を損なうとされています。それに比べてG共感では、そのような辛さから解放され、他者を援助する際のストレスも軽減されるということです〔Cheng 2014〕。

この仏教研究は、私たちの心理療法について考えるうえでも、大きな示唆に富んでいると言えるでしょう。

実際に私たちは、日常の臨床業務において多くのトラウマを負った患者を扱うことに疲弊することで、確実に、治療者としての力を損なうことになりかねません。偉大な外科医を考えればわかるとおり、痛みを体験する患者に対する援助のいちばんの決め手は、その状況やそこから生じる苦痛を客観的に理解し、その痛みを取り除くべく最大の努力をすることに、エネルギーを費やすことのできる能力であると言えます。

いわゆるマインドフルネス瞑想との関連で

共感の脳科学というテーマに関する以上の考察の流れに従うならば、いわゆるマインドフルネスのテーマとの深いかかわりについても言及する必要があります。このテーマはマスメディアでも広く取り上げられ、一種の流行とも言うべき現象となっています。現在心理学のさまざまな分野で脳科学的な研究が行われていることはすでに述べましたが、いわゆるマインドフル瞑想に関する脳科学研究も広く行われているのです。

マインドフルネスとは「いま、ここ」で起きていることに注意を向ける心理的なプロセスとされ、その言葉の由来は古代仏教の〝sati〟といわれます。そして瞑想によりその能力を開発し、あるいは高めることが出来るとされています。マインドフルネスの広がりは二〇〇〇年代に米国で東洋思想への興味が高まったことが背景にあり、メンタルヘルスの分野でも実践されることが多くなって来ています。そのなかでも特筆すべきは、この瞑想によりある脳の変化が起きるということが種々の研究により報告されているということです。

Tom Irland〔2014〕はマインドフルネス瞑想で以下のことが起きるとしています。

扁桃核の委縮、前頭前野の厚みの増加、扁桃核と周囲の機能的結合性の低下、注意と集中の部位の結合性の増加。つまりマインドフルネス瞑想により激しい感情に捉われることが少なく、また感情により思考能力が低下するということが少なくなったということです。少なくとも情緒をつかさどる扁桃核が抑制されることにより、情動的共感による疲労や苦痛から治療者を守ってくれることを意味することになります。

さらに興味深いのは、マインドフルネス瞑想を一ヵ月おこなうことにより、いわゆるデフォルト、サリエント、課題遂行という脳における三つの大きなネットワークの相互の結びつきが、非常に強くなるということです〔Bremer, et al. 2022〕。しかも全体としてみれば、そのなかでデフォルトモードは抑制されているとされます。デフォルトモードの活動は、くよくよ考える、などのうつ病の症状に関連していることから、デフォルトモードを抑えるという働きは、抗鬱効果を伴うと考えることが出来るでしょう。

マインドフルネス瞑想の効果やその脳内基盤に関しては、まだその研究成果は積み上げられているプロセスですが、それは、それぞれのネットワーク間の結びつけを強め、脳という神経ネットワーク全体を活用することを促す方向に導くといえるでしょう。そしてそれは、センチメンタルな共感から偉大な共感に向かうという方向性でも一致しているのです。

さらに、そのトレーニングは、脳の活動を実質的に変えるだけでなく、それらをつかさどる各部の容積の変化を伴うという可能性すら示唆しています（ただしこの最後の点に関しては、私はそれを鵜呑みにすることなく、今後のさらなる検証を待つ必要があると考えています）。

まとめ

最後に、共感に関する最近の脳科学的な知見をまとめてみます。

まず紹介したのは、共感を「情緒的な共感」と「認知的な共感」に分け、後者をこころの理論ToMと同等のものと見なし、それをさらに「認知的なToM」と「情緒的なToM」に分けるという最近の研究です。ただし、共感という言葉じたいが多義的で、それが含む内容もきわめて幅広いため、このような分類はひとつの便法でしかありません。

他者に共感を向ける際には、他者が置かれた状況を理解すること、自分自身がその他者の状況に置かれた場合を想像すること、などのさまざまな認知的作業が関わり、また同時に、その他者の情動的ないし身体的表現を感覚的に感じ取り、それに対するみずからの情緒的な反応を示すというプロセスも同様に必要となります。そして後者には、ミラーニューロンシステムも深く関与していると考えざるを得ません。

私たちの有する共感の能力は、これらの総合的な働きと考えることが出来ますが、その一部は生得的なものであり、他方では母子関係により育まれる部分もあります。後者に関しては、本章で紹介したSchoreの研究が示すところです。

以上の考察を踏まえ、本章では、治療者が備えているべき共感能力や、もつべき共感的な態度についても考察しました。そこで注目すべき二種類の共感について示しました。これを私はS共感とG共感として言い表しました。このふたつを区別するならば、S共感が扁桃核の活動を伴うのに対し、G共感はむしろ認知的なプロセスを含み、前頭葉の機能を用いてみずからの情動を制御する方向に働くことになります。

しかし、マインドフルネスの研究が示すように、G共感を育むことは、さらに大きな脳のネットワークの改変を促すことにつながると考えられるかもしれません。それは、脳がひとつのネットワークの過剰な興奮に留まらない、より柔軟で流動的な働きをもつということです。それは、みずからのこころをいたわりつつ他者に寄り添い、援助するという私たち臨床家の役割に一致した方向性を示していると考えられるでしょう。

最後に、皆さんに問うてみましょう――S共感とG共感の両者は、どのように関係しているのでしょうか？

私は、いかなる修練を積んだ人間も、例えば肉親の苦しみに平然としていられることはないと思います。その意味でS共感は、人間にとって必須の能力とさえ言えるでしょう。しかしそのうえで、必要に応じてG共感に切り替えることが出来る能力もまた必要ではないかと思います。他者の苦しみを前にして、一緒に苦しむことがその他者のためにも自分のためにもならないような状況で、人は、それを意識的に乗り越えた力を発揮することが出来るかもしれません。

そしてその種の能力が、治療者にはどうしても必要になる場合があるのです。

この短い論考で共感についてカバーすることはとても無理でしたが、少しでも臨床家の方々の参考になれば幸いです。

Allen., J., Fonagy, P. (2009) *The Handbook of Mentalization-Based Treatment*, Wiley.

Baron-Cohen, S., Leslie, A.M., Frith, U. (1985) Does the autistic child have a "theory of mind"? Cognition, 21: 37-46.

Bloom, P. (2016) *Against Empathy the case for rational compassion*. 高橋洋訳（2018）『反共感論――社会はいかに判断を誤るか』白揚社

Brand, A.G. (1985) Hot Cognition: Emotions and Writing Behavior. Journal of Advanced Composition, 6: 5-15.

Bremer, B., Wu, Q., Mora Álvarez, M.G. et al. (2022) Mindfulness meditation increases default mode, salience, and central executive network connectivity. Sci Rep 12, 13219.

Carper, R.A., Moses, P., Tigue Z.D., Courchesne, E. (2002) Cerebral lobes in autism: early hyperplasia and abnormal age effects. Neuroimage 16: 1038-1051.

Cheng, FK (2014) Overcoming "sentimental compassion": How Buddhists cope with compassion fatigue. Buddhist Studies Review 7: 56-97.

Davis, M.H. (1994). *Empathy: A social psychological approach*. Madi son: Brown & Benchmark Publishers.

Dumas, G. (2011) Towards a two-body neuroscience. Commun Integr Biol. 4(3): 349-52.

Dvash, J., Shamay-Tsoory, S. (2014) Theory of Mind and Empathy as Multidimensional Construct. *Topics in Language Disorder*, 34.4, pp.282-295.

Fallon, J.H. (2013) *The Psychopath Inside: A Neuroscientist's Personal Journey into the Dark Side of the Brain. Portfolio*. 影山任佐訳

(2015)『サイコパス・インサイド——ある神経科学者の脳の謎への旅』金剛出版

Geschwind, D.H., Levitt, P. (2007) Autism spectrum disorders: developmental disconnection syndromes. Current Opinion in Neurobiology. 17: 103-11.

Ha, S., Sohn, I.J., Kim, N., Sim, H.J., Cheon, K.A. (2015) Characteristics of Brains in Autism Spectrum Disorder: Structure, Function and Connectivity across the Lifespan. Exp Neurobiol. 24(4): 273-84.

Hoffmann, E., Brück, C., Kreifelts, B. et al. (2016) Reduced functional connectivity to the frontal cortex during processing of social cues in autism spectrum disorder. J Neural Transm 123, 93: 7-947.

Irland ,T. (2014) What does mindfulness meditation do to your brain? Scientific American.June 12, 2014. https://blogs.scientificamerican.com/guest-blog/what-does-mindfulness-meditation-do-to-your-brain/

Nordahl, C.W., Lange, N., Li, D.D., Barnett, L.A., Lee, A., Buonocore, M.H., Simon, T.J., Rogers, S., Ozonoff, S., Amaral, D.G. (2011) Brain enlargement is associated with regression in preschoolage boys with autism spectrum disorders. Proc Natl Acad Sci U S A 108:20195-20200.

Philip, R.C., Dauvermann, M.R., Whalley, H.C., Baynham, K., Lawrie, S.M., Stanfield, A.C. (2012) A systematic review and meta-analysis of the fMRI investigation of autism spectrum disorders. Neurosci Biobehav Rev.36(2): 901-42.

Premack, D., & Woodruff, G. (1978) Does the chimpanzee have a theory of mind? Behavioral and Brain Sciences, 1(4): 515-526.

サルトル、J・P (1952)「出口なし」『サルトル全集 第八巻 恭しき娼婦』人文書院

Schumann, C.M., Barnes, C.C., Lord, C., Courchesne, E. (2009) Amygdala Enlargement in Toddlers with Autism Related to Severity of Social and Communication Impairments. Biological Psychiatry. 66: 942-949.

Shamay-Tsoory, S.G., Tomer, R., & Aharon-Peretz, J. (2005) The neuroanatomical basis of understanding sarcasm and its relationship to social cognition. Neuropsychology, 19(3): 288-300.

Schore, A. (1996). The experience-dependent maturation of a regulatory system in the orbital prefrontal cortex and the origin of developmental psychopathology. Development and Psychopathology, 8(1): 59-87.

Schore, A (2019) *Right Brain Psychotherapy*. W.W.Norton & Company. 小林隆児訳 (2022)『右脳精神療法』岩崎学術出版社

なにもできないこと、なにかできること——被虐待児との関りのなかで

木部則雄

本書のテーマはふたつあります。ひとつは「寄り添うこと」、もうひとつは「共感」ですね。いずれのテーマにしても、〈総論／各論〉を問わず、本書の執筆者は、その難しさ／可能性について踏み込んで論を展開されることと思います。私は視点を換えて、このテーマへの違和感を記してみたいと思います。

まず、私には今までの臨床経験から**寄り添ったことはなく**、できればこれを避けたいと感じています。おそらく「寄り添うこと」には身体感覚が付き纏い、これに妙な違和感を抱いているようです。

さらに、「共感」という用語もあまり馴染みがなく、共感とは良質なコミュニケーションを意味していますが、それはコミュニケーションの理想のように感じます。セラピーで流れるのは、不良なコミュニケーションの連続であり、共感の入り込む余地は殆どなく、最終的に共感が生じるとしたら、そこはゴールなのかもしれません。

私は共感という用語でなく、情緒的理解 *Emotional Understanding* ということを重視しています。**如何にその人の苦悩を理解するか**ということです。ここには「別々の個人」という感覚があります。

ここでは、さまざまな知見を踏まえて論考するというよりは、私の専門である「子ども臨床」の難しいプロセスをそのまま提示するというスタイルで、問題提起しようと思います。そうした一種「とり散らかった」ようなレアな題材から、読者の皆さまが、ご自身の「とり散らかった」経験を振り返って、なんらかの可能性について考えるヒントとなれたら、と祈ります。

共感と情緒的理解

専門用語としての《共感》という言葉は、精神分析（特にクライン派）の考え方では「良性な形態の投影同一化」でしょう。共感を「相手の立場に立つ」ということとすれば、それは、相手のなかに自分の一部を投影し、それと同一化することとです。投影が起きているときにも「自分は自分であり、相手とは別人である」という現実的な認識が残っているということです。万が一、この現実的な認識が失われれば、これは適切な《共感》とは言えないでしょう。

ということは（あくまでも一般論ですが）、自身の子どもが学校に行かないことで悩んでいるセラピストにとっては、不登校の子どもの心理療法は不適切でしょう。なぜならこのセラピストは、我が子の不登校で悩んでいる親への共感が高くなり、子どもへの共感は低下するからです――もちろん、このことを認識し、乗り越えるのが専門家であり、スーパーヴィジョンなどを通しての研鑽が必要となります。

これから提示する症例は、虐待の最中にある子どもとの心理療法、そして親面接の経過です。この心理療法は頓挫し、その顛末後、私は〝なにもできなかった〟という強烈な無力感を抱きました。

この中断は情緒的理解を超えて、《共感》を高めるために「その子〔F〕と同じ体験をする」ことを選択したことによって、「Ｆとは別人である」という治療者の空間を失ってしまったからだと思います。こうした観点を中心に、この症例を提示します。ただ、そうした失敗例ではあるものの、いま振り返ると「わずかではあるものの、なにかができたのかもしれない」と思い、これも含めて考察します。

出会えない三人　との出会い

Ｆは小学校低学年時に、両親とともに初診しました。度重なるコンビニでの万引きや、虚言、無賃乗車などの問題行動に、継父が耐え兼ねたのです。暴力沙汰の挙句、児童相談所に保護されました。その後、自宅復帰後に、大学病院を経て紹介されました。

家族は、母親・継父（後に父親）と、その間に生まれた弟（5歳年下）です。母親は思春期の頃より問題行動が多く、その後、パニック障害のため「ひきこもり」状態に陥りました。実父は不明ですが、この初診時にはすでに父親は母親と関係があり、Fの世話にも関わっていました。

母親は育児が一切できず、Fは生後四ヵ月時に乳児院に預けることになりました。Fは二歳過ぎまで乳児院で養育されます。発達発育に問題なく、乳幼児期に問題はなかったようです。家庭引き取り後、Fは喘息などの身体症状で入退院を繰り返しました。また、不眠、過食と拒食を交互に繰り返し、気分の変動なども認められました。幼稚園の頃より、Fはコンビニで常習的に万引きを繰り返し、常習的に無賃乗車をするようになりました。学校では弱い者いじめ、警察を欺くほどの嘘など、多くの問題行動が認められるようになります。

こうしたことに激怒した父親はFに暴力を振るい、Fは一時保護所に三ヵ月間、収容されました。

どうしてかな？――わかんない

名前を呼ぶと、両親とFはソファに座りました。父親はラフな服装で、頭はかなり薄くやや小太りの中年男性でした。それに反して母親からは、フランス人形のような空虚さと実のなさを感じました。Fは父親と母親の真ん中にちょこんと座り、マルコメ味噌の小坊主のようでした。表情はニコニコしていて、反社会的な行動をするような子どもとは思えませんでした。

父親はまず自分が継父であることを語り、問題行動を語りだしました。私はこの家族、Ｆの生育歴について尋ねましたが、Ｆは表情を変えることなく、ニコニコ聞いていていました。母親もさして表情を変えることなく、淡々とこれを聞いていました。私はひとまず、Ｆに画用紙を二枚渡して、バウムテストと自由に描画を描いてほしいことを伝えて、待合室で過ごすように伝えました。

再度、父親に生育歴を尋ねました。

Ｆは乳児院にいる時から暴力が激しく、自分のルールに固執していたということでした。自宅引き取り後の二年間、喘息、下痢嘔吐などで入院生活が多く、小学校に入学するまで半分ほどは入院していました。幼稚園に入園後三年間は、弱い者いじめばかりで、後ろから突き飛ばすなど、行動は悪質でした。弟には陰に隠れて暴力が多く、嘘もあまりに頻回すぎて、両親ともに対応に苦慮していました。

食事は拒食に近い時期と過食の時期を繰り返していました。過食時には、噴射上の嘔吐をすることがあり、突然に起きるということでした。睡眠はずっと不安定であり、何度も覚醒してしまうということでした。

Ｆとの面接の前に、父親は苦笑いをしながら、『騙されないでくださいね』と言い残して退出しました。私は、このバランスの悪い両親と、ほとんどケアされていないにも関わらずニコニコ笑うＦについて考えると、筋道のない迷宮にはまり込んだように感じました。

次に、両親と交代してFとの面接です。

Fはやや当惑して、はにかみながら入室しました。私は画用紙を受け取り、バウムテスト、自由描画を見ました。いかにも倒れそうな木を見て、脆弱な基盤を感じました。《この木、倒れそうじゃない?》と尋ねると、Fはニコニコ笑いながら、何も答えることはありませんでした。この絵への質問には『わかんないな』と答えるばかりでした。もう一枚の絵には、『公園で弟と一緒に遊んで、ボクは縄跳びをしている』と答えました。《二人で遊ぶことが多いのかな?》と尋ねると、肯定します。

ちょっと襟を正して《どんなことで、パパとママは困っているんだろうか?》と尋ねると、Fは小声ながらしっかりとした口調で『弟への暴力かな、止めれない時がある』と答えます。理由を尋ねるものの、Fにはわからないようでした。また、『欲しくなっちゃって……ねり消しとか』と言うので、《どうしてかな?》と尋ねても、Fは『わからない』と繰り返します。

一見、良好なコミュニケーションでしたが、私は「騙されているのだろうか?」といった疑義が脳裏に浮かびました。そこで《一緒に、どうしてこうなるのか、考えてみる必要があるんじゃないかな?》と伝えると、Fは私を見て肯きました。

私は再度、両親に入室してもらって、Fの行動について一緒に考えて欲しいことを要望して、今後、いくつかの心理検査などの後に方針を決めたい、と伝えて終了しました。

身をもって体験しようと……

Fのアセスメントは、被虐待体験に伴う不信感、それを覆い隠すような受動的攻撃性による反社会行動、また食欲・睡眠などの生理的領域にまで及ぶ影響などがありました。

両親は、まったく養育機能のない母親と、世間体など表面にのみ関心のある父親であり、二人の夫婦関係も不安定で、適切な家庭環境もありませんでした。

大きな問題は、この治療構造をどうするかということでした。苦肉の策として私は、隔週でFの心理療法を、隔週で両親面接を一般診療枠で、と決めました。これは通常の治療構造でなく、後に思ったのは、私はFが両親から受けている逆境に関して、身を持って体験しようと思っていた、ということです。

私はFの不信感に裏打ちされた遅々として展開しない心理療法を予想していました。そこで、作為的に自分の〝共感〟性を高めてFの心的世界を垣間見ることができるのではないか、と思ってもいたようです。

身動きができなくなる

私の《子どもの頃のこと覚えているかな?》という質問に対して、おそらくFの乳児院での体験を表現することから始まりました。

〔#1〕　Ｆはゆっくりと立ち上がって、玩具の入っている引き出しから、動物のフィギュアを取り出し、家族となっている牛、ライオン、キリン、豚を、それぞれにひとまとめにして、一匹のワニもテーブルの上に置きました。その後、積み木で柵を作って、それぞれの動物を柵の中に入れました。

Ｆは折り紙を器用に千切り、それぞれの柵の中に入れました。それについて尋ねると、餌であると答えました。Ｆはさらに折り紙で餌を作り、チョロＱが周囲を走り回り、餌を配りました。餌の配布は機械的であり、私は《寂しいご飯だね》と呟きますが、Ｆは『夜だから』『皆寝るんだ』と言って、動物を横にしました。朝になると、同じように餌を与えられ、寝かされて、というプレイが繰り返されました。

こうしたプレイはＦの乳児院の生活を表現しているかのようでしたが、確信は持つことができずに、このプレイの展開を待つことにしました。しかしＦは、このプレイを展開することなく、その後の面接ではＦは、現実的な問題、欲しいものを工作によって表現するとか、他の工作などに、面接時間は費やされました。

この間、父親は隔週で現状を伝えに受診していました。

その語りは、Ｆのだらしない日常生活、「またなにか悪事を働いているのではないか」という疑念、これだけ自分はＦのために習い事などを必死に探しているという主張、でした。私は父親への労いを伝える気にもならず、一気に攻め込まれ、逃げ場のない袋小路に追い詰められたように感じていました。

「これ以上にFは、この感覚を味わっているに違いない」と思い、この袋小路からどう脱出できるのか、というより、「この心理療法に意味があるのかどうか、何を目標にすべきか」など、すべてがわからなくなっていました。

確かにこの治療構造で、Fへの《共感》性は高まりましたが、同時に、**治療者として身動きができなくなる**という致命的な過ちを犯したことにも気づき始めました。

つながらない……

[#35] 前の父親面接で、父親は顔を紅潮させて入室し、『また、やりましたよ』と、やや甲高い声で呟きながら着席しました。こうした父親の態度は、以前Fが問題を起こした時と同じで、怒りだけでなく、「やっぱり……」といった勝ち誇りとも感じられました。

Fは上級生と公園で一緒に遊んでいた時に、そのうちの一人の鞄を盗んで、公園のトイレに隠しました。父親はFを数時間に及ぶ詰問後に自白させました。Fはその上級生たちから嫌がらせをされたので、その腹いせに鞄をトイレに隠したということでした。

私は事実確認をする気力もなく、ただ無思考状態に陥ってしまいました。その後、父親は警察に連れていき、数時間、説教をしてもらったということでした。私は呆れ果てて、まともに話を聞く気にもなれないことに気がつきました。「自分たちを振り返ることもなく、反省のない人たちである」という意識があったからでしょう。

父親は『Fにはまったく罪の意識がない』と諦めを語りました。私も、Fに罪悪感の欠片も見出せないことについては、納得ができました。しかし、これだけ追い詰められていれば、Fに罪悪感が生まれるはずがないと感じました。私はFのあまりに窮屈で悲惨な養育環境が手に取るようにわかり、同情のあまり、身動きができなくなっていました。

ドラえもんは一人で住んでいる

［#35］　予定時間五分後に、Fは受付の人の陰に隠れてドアのところに現れました。やや伏目気味で入室し、心持ち元気がなく、深刻な目つきでした。いつもは『こんにちわ』と先に挨拶していましたが、この時は全く挨拶もなく、おもちゃの入っている引き出しを開けました。Fは柵を取り出し、表情はやや和らぎ、正方形の立体を作りました。

私は、自分が今までよりずっと緘黙で、ほとんど質問をしていなかったことに気づきました。私はいつもの雰囲気で《ここには誰が住んでいるの?・》と尋ねました。Fは冷静な口調で『ドラえもんが住んでいる』と答え、折り紙で棒を作りながら、これを部屋の中に設置しようとした。私はこれについて質問をすると、Fは『折れにくい棒』とのみ答えました。私が《ドラえもんは誰と一緒に住んでいるの?・》と尋ねると、Fは『ドラえもんはふるさとに帰ったから、一人で住んでいる』と答えました。私が《寂しくない?》と尋ねると、Fは『ドラミちゃんがときどき来るから』と答えました。

共感というより「納得」して……

[#36] 前の父親面接です。Fにとっては、乳児院にいた時の方が楽しかったに違いなく、そこから連れ去った自分たちが間違っていたと、父親は勝手な理屈を並べ立てます。

また、自分たちはこれ以上、一緒の生活は限界だということを繰り返し訴えました。私は前回の面接の内容を勘案しながら、「どれだけ叱責しても、たとえ施設に預けても、Fは自分の世界にひきこもるだけで、事態は悪化するだけであり、まったく再犯を防ぐことにはならない」ということを伝えました。

しかし私はこの時、父親の『限界だ』という言葉に、自分が共感というより〝納得〟をしてしまっていることに気づきました。同時に、Fにとっても「施設の方が伸びやかに過ごせる」ようにも感じられ、この治療の限界も痛感し始めるようになりました。

のび太とのつながりが……

[#36] Fは時間どおりに到着。その表情はやや不安に満ちていましたが、前回よりも落ち着いた様子でした。Fは床に座り、引き出しから折り紙を取り出し、作成途中のドラえもんの家の柵の周りに、折り紙を貼りつけ始め、『壁を貼る』と淡々と語りました。

私は《ドラえもんがどうして、一人で暮らしているの?》と尋ねました。Fは『のび太が宿題をしなかったから、ドラえもんの言うことを聞かなかったから。ダメな奴なんだ』と語りました。私は《君の中にも、のび太君のようなダメなところがあるのかな?·》と伝えました。Fは暫し沈黙し、手を止めました。この質問に答えることなく、手を再度動かしながら、『この家には、秘密兵器の落とし穴がある。ドラえもんの家には悪い奴がときどき入ってくる』と、抑揚のない声で語りました。私は《ドラえもんは、のび太が来るかもしれないと思うと、安心していられないね》と伝えました。

Fはさらに、『のび太はジャイアンの妹と結婚しようとしていたんだけれど、ドラえもんのおかげでしずかちゃんと結婚できたんだ』と語りました。Fはのび太を、しずかちゃんと結婚させることで、大人しくさせようかと考えているようでした。

つながりより……　欲しいもの

Fは『ドラえもんの家は、欲しいものが次々と落ちてくる』と語り、私の方を微笑んで見ました。私は《ドラえもんには、もう心配することはなくなったのかな?·》と尋ねました。Fは万能感を満開にさせ、自信に満ちた態度となりました。これは「度重なる万引き」という行為にも直結する空想であることも、確認できました。

逃げ込むことでしか　痛みを避けられない

Ｆは、父親からの厳しい叱責や、警察で反省文を書くなど過酷な現実に対して、どのように対処したのかということが、[#34][#35]に表現されています。

Ｆはドラえもんになり、ひとりの家にひきこもっていました。ドラえもんという万能的な対象となり、自己愛的ひきこもり状態にありました。そこには好物のどら焼きもあり、ときどきドラミちゃんも訪れてくる。

今回の事件による叱責によって、Ｆは、反省や罪悪感を抱くことなく、この世界に逃げ込んだようでした。次に、ドラえもんはのび太に呆れ果てたということでした。Ｆはのび太の孫をこの家に住まわせて、ダメなのび太をサポートし、理想の結婚に導き、のび太を宥めました。さらにＦは、次に勝手に食べ物が落ちてくる装置を設置し、ますます万能感が謳歌されました。

なかなか飛べないね

その後、Ｆはプレイに隔週ながら休みなく来院していましたが、プレイの内容にこうした病理性が露わになることはありませんでした。Ｆはプレイのなかで、自分の欲しいものを手作りで作り、それを現実との代用としているようでした。

父親の生活管理は厳しく、父親に「これ以上の管理は、再度、問題行動を招く」と言っても、聞き入れられませんでした。

[#45]までの数回、Ｆは抑うつ的で、元気がありませんでした。私はこの背景を推測できましたが、これまで言及してきませんでした。この時に私は初めて《家にいると、辛いことが多いのかな？》と伝えました。Ｆはこれに答えることはありませんでしたが、紙飛行機を三機折りました。その三機を飛ばしますが、どれもまっとうに飛ぶことなく墜落してしまいました。

私は落胆して《なかなか飛べないね》と伝えると、Ｆは俯きながら頷きました。これには、お互い、とても哀しい気持ちで一杯になりました。

この面接の翌々日に、Ｆは交番に駆け込み、自宅に帰りたくないということで、児童相談所の一時保護所に収容されました。その後、父親からの連絡もありませんでした。

なにもできなかったけれど

この症例は好ましくない顚末となりました。

当初、私は「おそらくＦの現実の厳しさを知ることによって、よりＦへの共感性を高め、Ｆの心的世界の理解ができるのではないか」と思いました。しかし、父親の容赦ない批判、Ｆの難攻不落の病理的組織体に前に、頓挫することになりました。

私は「私」という考える空間を失い、あたかも父親の叱責を自分への叱責と感じてしまうようになっていました。私は〝なにもできなかった〟という無力感に苛まれましたが、これはFが日常生活のなかで常に感じていたことだったのでしょう。

Fが交番に駆け込んだと連絡を受けたときは、安堵しました。これしか道はなく、Fにとって養護施設の方が住み心地がいいと思ったからです。Fがみずから決断できたことは、大きな進歩と捉えることもできました。私は何度か児相に相談しようかと思いましたが、躊躇していました。それは、この心理療法への期待と希望だったかもしれませんが、それ以上に、Fの意志を支持することでした。

いま顧みるとこの心理療法ではFにとって、なにかができたのかもしれない……とも思えています。

終章　共感、再考——あるいは共感をめぐるディスクール

細澤 仁

はじめに

まず、共感をとりあえず定義してみましょう。

自分自身のユニークな観点から、他者の主観的体験を理解することを可能にする認知の様式であり、その理解は、他者の行動を動機づけている感情のみにとどまらず、他者の自己体験（自分をめぐる主観的体験）全体を構成する葛藤とその産物も含む。〔『精神分析事典』岩崎学術出版社2002〕

この定義はあくまでとりあえずのものであり、読んで何となく分かったような気になったら、即座に忘れても差し支えはありません。

本論の目的は、《共感》という概念を内側に突き詰めていくことやその本質を探究することではなく、《共感》という概念の外側にさまざまな観念や事柄をそっと置くことで、その概念に揺らぎをもたらすことです。

臨床において、真理や真実は、せいぜいのところフィクションとして存在できる程度であり、現実主義の観点からはけっして有用ではありません。臨床概念の意義は、その正しさにあるのではなく、「実践に役立つものであるかどうか」にあります。ある概念が臨床的に有用であるためには、それが多義性を有しており、臨床家のこころを喚起するものである必要があります。すなわち、本論の目的は、《共感》という概念に「臨床的有用性」をもたせること、と言い換えることも可能です。

かくして、ここでの議論は、何らかの結論に直線的に収束していかず、らせん状に拡張・拡散していくことになります。そして《共感》という概念は、多義性を増し、スポットライトのなかで際立つこともなく、薄明りのなかでぼんやりしてくるでしょう。さらに、ここでは、**相反することが並列する**瞬間も存在します。バベルの塔の言語の混乱は、多様性を生み出す恵みなのかもしれません。この目的に沿うために、本論の形式はやや断章的になります。

なぜ、共感**されたい**のか？

「共感を求める」欲求というものが存在します。

少なからぬ人が、他者に共感を求めるのは何故でしょう？　人は一度も体験したことのないものを、求めることはできません。とはいえ、人はときに、現に存在しないものを求めます。それはおそらく、「それと似たなにか」をかつて経験したことがあるからです。自分がまったく経験したことのないものは、想像することさえできないでしょう。

ここで、死について考えてみましょう。人は生きている限り、自分の死を体験することができません。それにもかかわらず、ほとんどの人は自分の死を恐れます。それは他者の死を体験するからではありません。というのも、他者の死をリアルなものとして体験していないにもかかわらず、死を恐れる幼児がいます。みずからの死を恐れるのは、死と類似の特徴をもつ睡眠を経験しているからでしょう。死が睡眠の比喩で語られることからも明らかと思われます。また、ハムレットが「死ぬとは——眠ること」と言っています。

となると、人はかつて、ある体験を通して、共感されたという実感をもったことがあると考えてよさそうです。自分の喜び、悲しみ、怒り、欲求、欲求不満などなどのさまざまな感情を、受け止めてもらった経験があるのです。その経験への郷愁が〝共感されたい〟という欲求のひとつの原動力なのでしょう。

なぜ、共感したいのか？

多くの心理療法家は、患者やクライエントに〝共感したい〟という欲求をもっています。もちろん、そのような欲求をもっていない心理療法家もいますが。

共感をしたいという欲求は、どこから来るのでしょう？　幼児の発達を見る限り、〝共感したい〟欲求が一次性のものであるとすることは難しいように思えます。それならば、共感を求める欲求が一次性を有しており、〝共感したい〟欲求を二次的なものと捉えることが自然でしょう。つまり、「共感したいという欲求は、〝共感されたい〟欲求を対象に投影することで生起する」と考えることができそうです。ここにもまた郷愁が存在しています。

共感は可能なのか？

そもそも、他者の主観的経験を共有することができるのでしょうか？ 痛み「頭痛」という多くの人が自分のものとして経験している事柄をとりあげてみましょう。痛みは、無論のこと主観的経験です。他者が「頭痛」を訴えます。自分もかつて頭痛を体験したことがあります。他者の訴えを聞いて、痛みの様態は何となく理解できると思いますが、その痛みの程度を正確に理解することはできません。結局のところ、自分の痛みがもっとも痛いのです。他者の痛みを他者が体験している強度で体験することはできません。

痛みという比較的単純な事態ですら、他者の主観的経験を正確に理解することはできません。主観的体験がもっと複雑な場合は、その理解の程度はさらに低下するでしょう。

《共感》は、自己と他者が分離した個別の存在であるという極めて単純な事実に基づき、原理的に不可能な事態です。藤山〔1999〕は、彼の共感について書かれたとても美しい論文のなかで、共感を「不可能な可能性」と捉えました。

共感と愛

《共感》は不可能なものとはいえ、それを求める欲求は存在します。共感の源泉を探し求めているると、どうやら「愛」の問題に遭遇しそうです。しかし、この時点では、「愛」の問題を少し迂回して進んでゆきましょう。

共感が生起する瞬間はあるのか？

先ほど触れた藤山論文〔1999〕の結論部分を引用します。

共感は心理療法過程のなかで「不可能な可能性」としてしか心理療法家に捕まえることができないものである。それは可能性として確かに存在可能であり、ある種の治療的重要性をもつひとつの心的過程であると考えられるが、私たちはそれを私たちの努力によって直接的には達成することはできないし、その達成をその場で知覚することもできない。それは、クライエントと治療者のふたりの間主体的な相互作用によって生み出された独特の場所のなかでひとりでに生成される。それは「ふたりであること」と「ひとりであること」とが交錯する、あるくつろぎの空間である。このように共感はあらかじめどのような訓練に

よっても用意され得ないものであり、治療的交流の結果である。したがって、それを一義的にめざそうとすると治療者は、治療空間を崩壊させ、その概念を病的解決として利用する可能性がある。

藤山は、間主体的な相互作用を介してひとりでに生成される《共感》について語っています。藤山は、共感の達成はその場で知覚することができないものであると述べています。すると、確かに、共感が生起したと判断することは、心理療法家にもクライエントにもできないということになります。

ひとりでに生成されるが、それと知覚できないものは、そもそも存在していると言ってよいのでしょうか？　藤山は用心深く、「可能性として確かに存在可能」と述べています。しかし、それは存在不能とどのように異なるのでしょうか？　事後的に共感が生成されたと判断できる、ということでしょうか？　その場合、事後の判断の正しさはどのように正当化されるのでしょうか？　私の見るところ、藤山の意図は、「臨床的進展がもたらされたことを事後的に評価するときに、そこに共感が生成されたと推定してもよいであろう」というものです。

それにしても、臨床的進展をもたらしたものが確かに《共感》であると判断することは困難であり、また、その根拠を提示することはできそうにありません。臨床的進展をもたらしたものが、共感ではなく、まったく別のものである可能性もあります。藤山が述べている事態は、藤山がほのめかしているように、共感ではなく、ひとつの交流です。結局のところ、共感は不可能な事態です。せいぜいのところ可能なのは、「共感が生成された」という幻想を治療者とクライエントが共有することくらいです。

共感されたくない？

「共感されたくない」という思いを抱く人々がいます。そこでは多種多様な気持が動いていいます。その全ても網羅することはできませんし、本論の目的に鑑みると、その必要もありません。ここではいくつかの可能性を記述するだけで十分です。

もっともよく見られるのは、《共感》の不可能性を直視している人たちです。こうした人たちは、共感を求める欲求をもつ人や、共感したいという欲求をもつ人の欺瞞性を嫌悪します。日常語で表現すると、「わかっていないのに、わかったようなこと言うな」と思ったり、言ったりする人たちです。

「共感されることを恐れる」人たちがいます。特に、スキゾイド・パーソナリティと呼ばれる人たちに多いようです。共感のなかには、他者への侵入性という文脈が存在します。侵入される不安があるのでしょう。さらには、共感の基盤にある「愛」についての恐れが本質的である、と私は考えています。愛については、また後ほど、記述します。

自己愛的な人、あるいは、自己愛状態に陥っている人も、共感を拒絶する傾向にあります。共感を自己愛に対する脅威として体験するのでしょう。共感する側が上位に立ち、共感される側が下位に置かれる、と彼らは感じるのです。彼らは共感ではなく「賛美」を求めます。

共感しない？　共感できない？

共感したいという欲求をもたない人たちがいます。そのなかには、諦念のなかにいる人たち、あるいは、何らかの欠損が存在する人たち、が含まれます。先ほど「多くの心理療法家は共感したいという欲求をもっている」と語りました。ですが、心理療法家のなかにも、そうした欲求をもたない人たちがいます。そうした人たちは、万能感に満ちた「共感」という言葉よりも、技術としての「解釈」という言葉をより好むようです。松木〔1999〕の抑制のきいた文章を引用しましょう。

日々の臨床において私たちは、理解と共感の限界に突き当たり、そこに立ちすくむ。私たちは言葉を失ってしまう。しかし、そこからもう一度、その事態にある現実を見つめながら、言葉を捜しながら、私たちの理解と共感を分かち合おうとできるだけ誠実に努めていくのである。
私たちは共感し続けるのではない。ただ、共感していこうとし続けるのである。

そして松木は、「言葉は万能ではない。そして共感も万能ではない。その限界ある言葉と共感が出会うところが、解釈という分析治療の技法なのである。解釈は、共感と理解がその中に漂っている万能的な空想を現実の地に着けるものである」と結論づけています。

ここには、理解と共感の限界を目の前にした諦念と誠実さが存在します。そのうえで、「解釈」の重要性が主張されています。しかし、共感のもっとも重要な要素である欲求、郷愁、そして愛については言及されていません。

共感の起源は？

共感の起源は、おそらく「欲求が即座に満たされた」体験でしょう。幼児にとって、欲求を理解されたという体験は、欲求が満たされたという体験に他なりません。成長に伴い、幼児はみずからの欲求が即座に満たされることは「むしろ例外的」であることを知ってゆきます。その〝失望〟のなかで、即時の欲求満足という「かつてあった楽園」への回帰を願うのでしょう。この願いをとりあえずは〝郷愁〟と表現しておきます。

ここで唐突にフロイト

S・フロイトは「心的機能の二原則における定式化」〔1911〕のなかで、快感原則から現実原則への移行について論じています。この論文のなかに、フロイト自身による重要な脚注があります。それを引用します。

快感原則に隷属し、外的世界の現実を無視する有機体は、ほんのわずかな時間も生き延び続けることができず、したがって、そうした有機体が出現することなどできるはずがないという反対意見は正当なものであろう。しかしながら、こうしたフィクションを用いることも、幼児が、――母親から受ける世話をそこに含めるならば――、この種の心的体系をほぼ実現できると考えることで正当化される。

快感原則に浸るためには母親の世話が必要である、とフロイトは言っています。

一次ナルシシズム

一次ナルシシズムは精神分析のなかでも、もっとも混乱している概念のひとつです。本論は精神分析のなかの一次ナルシシズム・二次ナルシシズムといった概念を整理することを目的としていませんので、一次ナルシシズムをめぐる議論の詳細には触れないでおきます。フロイトによれば一次ナルシシズムは、幼児がリビドーの全てを自分自身に備給する早期の状態です。この状態の幼児は、万能感に満ち満ちています。つまり、一次ナルシシズムは、主体と外界のあいだに溝がない、いわば対象のない状態です。

このような発達段階が事実としてあるのか、ということに関しては議論があるところです。そして多くの精神分析の理論家は、一次ナルシシズムを否定しています。そのようななか、一次ナルシシズムの概念を積極的に使用している数少ない精神分析家が、ウィニコットです。ウィニコット〔1954〕は「一次ナルシシズムにおいては、環境が個人を抱えていて、それと同時に個人は環境について何も知らずにそれと一体となっているのである」と述べています。「ひとりの乳児などというものは存在しない」のです。ここでは「ほど良い積極的適応を行う環境」が必要となります。ウィニコットの考えには、先述したフロイトの思考が反響しています。すなわち、幼児が一次ナルシシズムを体験するためには、母親の積極的適応が必要となるのです。

錯覚

ウィニコット〔1951〕は「最初のうちは母親がほとんど百パーセント適応することにより、彼女の乳房が乳児の一部であるという錯覚のための機会を乳児に与える。それはいうなれば魔術的な支配のもとにある」と述べています。

乳児が欲求を体験するや否や母親が欲求を満たすとき、乳児は「母親という他者が欲求満足を与えてくれた」と認識せず、「自分が魔術的にみずからの欲求を満たした」と体験するのです(万能の体験)。この状態をウィニコットは〈錯覚〉と表現しました。そして、成長につれて「適度な欲求不満」を体験することで、錯覚は〈脱錯覚〉へと至ります。

郷愁

先ほど「共感の起源」について述べたことを再度整理しましょう。〈脱錯覚〉に至った子どもは、かつて母親の世話の下に欲求満足が即座になされていたことを認識します。そして子どもは、その状態を**懐かしみ**、その状態に**戻りたい**と思います。これが〝郷愁〟です。その欲求満足体験が、《共感》を求める欲求の基盤にある、と私は考えます。すなわち、母親が幼児のニーズを理解し、それを充足するとき、幼児はみずからのニーズの充足を通して「ニーズが母親に理解された」と体験するのです。私は、この交流が《共感》の原型であると考えています。

もちろん、この考えは完全に思弁であり、**とりあえず**のものです。

愛

ウィニコット〔1956〕は、この錯覚が成立するためには、母親の「原初の母性的没頭」が必要と考えました。私はそれを、日常語である〝愛〟と表現したいと思います。

精神分析と《共感》は相性がよくありません。そして、精神分析と〝愛〟も相性がよくありません。愛はリビドーと同義ではありません。愛にリビドーが含まれることはあるかもしれませんが、リビドーに愛が完全に含みこまれることはありません。そして〝愛〟については、愛着理論の方が精神分析よりも妥当性をもっています。ただし紙幅の都合上、愛着理論にはついては、ここでは触れないでおきます。

ここでは、共感の原型には〝愛〟という要素が不可欠である、ということを強調するに留めておきます。

結　局？

《共感》が不可能なのは、共感を求める欲求が早期の母子関係でのみ達成可能であった一次ナルシシズムへの〝郷愁〟に起源があるからであるとと、り、あ、え、ず考えてみてはどうでしょう。母親（ないし母親代理）以外、真の意味で母親の機能を果たすことはできません。そして、母親の機能を果たすためには〝愛〟が必要です。ところが、セラピストはクライエントを愛していません。

前言撤回

しかしながら、〝愛〟を基盤とする一次ナルシシズムというのは、母子関係においても、現実ではなく幻想であるかもしれません。とすれば、幻想であるがゆえに、その幻想を治療関係で体験することも不可能ではありません。そして、その幻想が体験されるためには、セラピストは、クライエントの退行を許容しなければなりません。現実検討が強固に機能している大人が幻想を、現実のものとして体験することは難しいでしょう。幻想を現実のものとして体験するためには、退行が必要なのです。

幻想としての共感

人は、他者のこころを体験することも、理解することもできません。しかし、「共感した」あるいは「共感された」という幻想を共有することはできます。こころのなかの出来事に客観的な事実は存在しない以上、「共感という虚構」を共有することに真実性がない、とすることはできません。そこには心的現実が存在しています。

共感の臨床的意義

セラピストとクライエントが「共感という幻想を共有する」ことに、臨床的意味はあるでしょうか？　この問いに対する回答は、各々のセラピストが自身の臨床観（すなわち人生観）に即して、みずから決定すべきものです。

しかし、少なくとも「共感を意識的に追い求める」ことは、治療的ではありません。その点で、私は藤山に同意します。さらに言えば、そのような事態が生起しなくても、セラピーは十分に進展します。共感という幻想を共有することは、心理療法において必要でもなければ、それで十分というものでもありません。

心理療法

私たち心理臨床家は、セラピーのプロセスをコントロールすることはできません。セラピストが「セラピーの場で生起したことが自然と展開するのを妨げない」だけの慎ましさを持ち合わせているならば、プロセスは内発的に進展します。

そのなかで「共感という幻想」を共有する事態が生起するかもしれません。生起した場合は、セラピストはクライエントとともにそれを体験し、味わい、理解しようとするでしょう。そのとき《共感》は治療的意義をもつかもしれません。ただし、繰り返しになりますが、そのような事態が生起しないからといって、セラピーが進展していないわけではありません。

結局、共感は大切なの？

《共感》は心理療法のプロセスの一部に過ぎません。生起する場合もありますし、生起しない場合もあります。しかし、それが生起した際には、セラピストはそれを受容し、理解しようと努めることになります。

私は、心理療法において《共感》が特別に大切である、とは思っていません。心理療法プロセスにおいて生起する事態は、すべて重要です。私は松木と異なり、心理療法家は「共感していこうとし続ける」必要はないと考えます。共感する姿勢をもつことも、共感を目指すことも、心理療法プロセスを歪める可能性があります。

私たちは、心理療法プロセスを歪めかねない姿勢・欲望・欲求を差し控え（もつべきではない、という意味ではありません。人間である以上、何らかの姿勢・欲望・欲求は当然もっています）、「共感という幻想が共有されている」ことに**思いを巡らせる**ことに留まるべきでしょう。

おわりに

本論は、この書物のエピローグたる役割を負っています。

エピローグは本来、書物を締めくくることを目的として書かれます。しかしこの書物は、臨床実践に役立つことを欲望しています。「臨床本」は、それ自体で完結するものではなく、それに触れた読者の実践を通して補完される開かれた書物であるべきである、と私は考えます。

それゆえ本論は、次の議論へのプロローグともなっています。

Freud,S. (1911) Formulations on the two principles of mental functioning. S.E.12

藤山直樹（1999）「共感――不可能な可能性」成田善弘・氏原寛編『共感と解釈――続・臨床の現場から』人文書院

松木邦裕（1999）「言葉を超えないこと――共感から解釈へ」成田善弘・氏原寛編『共感と解釈――続・臨床の現場から』人文書院

小此木圭吾 編集代表（2002）『精神分析事典』岩崎学術出版社

Shakespeare,W. *The Tragedy of Hamlet*, Prince of Denmark.

Winnicott,D.W. (1951) Transitional objects and transitional phenomenon. In collected papers : *Through Paediatrics to Psycho-Analysis*. 1958 北山修監訳（2005）『小児医学から精神分析――ウィニコット臨床論文集』岩崎学術出版社

Winnicott,D.W. (1954) Metapsychological and clinical aspects of regression within the Psychoanalytical set-up. In collected papers : *Through Paediatrics to Psycho-Analysis*. 1958 北山修監訳（2005）『小児医学から精神分析――ウィニコット臨床論文集』岩崎学術出版社

Winnicott,D.W. (1956) Primary maternal preoccupation. In collected papers : Through Paediatrics to Psycho-Analysis. 1958 北山修監訳（2005）『小児医学から精神分析――ウィニコット臨床論文集』岩崎学術出版社

あとがき

「共感」や「寄り添い」という言葉は、いささか人のこころをざわつかせます。思えば、私が臨床の緒についた約四十年前、心理臨床の世界では、「共感」は絶対項でした。有無を言わさぬ威光を放っていました。臨床の先達たちは、共感の名人のように見えたものです。どこに書かれていたのかは忘れましたが、名人格の代表たる河合隼雄先生が「中心を外さずに聞く」などと箴言を垂れれば、若輩者は恐れおののくほかありませんでした。共感力のみならず、人格力も備えていないと臨床などできる筈がない、という空気感がその時代には支配的でした（今も残っているでしょうが……）。

そんな空気感に浸った若輩者でしたが、いざ現場に出てみると、「あれ？　あれっ？」と思うことが増えていったのです。詳しくは省きますが、いわゆる**現場の洗礼**を受けたのです。そして、わが身の不出来とともに、いささか金科玉条のごとく祭り上げられた《共感》についても、「いつもそんなわけには……いかないよな」という現実に直面したのでした。

さて、月日は流れ、当時の若輩者もいまでは齢を重ね、臨床の辛酸を散々に舐めてきました。さらには、後ろを振り返れば、現場で活躍する、センス豊かな臨床家がたくさん育ってきています。私たちの時代には考えられなかったような、たいへん楽しみな状況が訪れました。そろそろ、私たちなりの共感論を語るという大仕事にも、機が熟してきたのではないでしょうか。

共編者の細澤は本書の〈まえがき〉で、私たちがリアリストであることを挙げています。確かにそうなのです。私たちは、リアリズムに軸足を置いています。が、単なるリアリストではありません。それでは人生は味気ないものに終わってしまいます。私たちのリアリズムとは、小林秀雄の言葉をもじっていうなら、共感を語ることとは「ついに己れの夢を懐疑的に語る事ではないのか」となるでしょう。懐疑的に吟味しないことには、夢物語やお花畑思考を開陳するにすぎません。懐疑性のなかにこそ、リアリズムの根が潜んでいるのです。

本書は、優秀な若手や熟達した中堅・ベテランとともに、懐疑的に《共感》を語ったものです。私はそれを、いささか大仰な表現になるかもしれませんが、「清濁併せ呑む共感論」と喩えたい気がしています。先達からの心理臨床の歴史を引き継ぎ、今こうして、それを語れる時が来たことに、感慨を覚えます。

読者諸兄には、とくとご覧いただければ幸いです。

最後になりますが、本書執筆を快く引き受けてくれた執筆陣、特別に御寄稿いただきました成田善弘先生、さらには、企画から本書完成まで、粘り強い検討や議論を積み重ねてくださいました、木立の文庫代表の津田敏之氏に深謝いたします。

二〇二三年　初秋の穏やかな日に

祖父江 典人

筒井亮太（つつい・りょうた）

関西大学大学院心理学研究科専門職修士課程修了。現職：たちメンタルクリニック／上本町心理臨床オフィス。臨床心理士。主な関心：心理療法史。

浜内彩乃（はまうち・あやの）

兵庫教育大学大学院修士課程修了。現職：京都光華女子大学准教授、大阪・京都こころの発達研究所 葉代表社員。臨床心理士、公認心理師。主な関心：精神分析的心理療法、他職種連携。

福嶋 梓（ふくしま・あずさ）

愛知教育大学大学院教育学研究科学校教育臨床専攻修了。現職：名古屋大学医学部附属病院。臨床心理士、公認心理士。主な関心：児童思春期精神医学、トラウマケア、家族療法、行動療法。

堀川聡司（ほりかわ・さとし）

京都大学教育学研究科博士後期課程修了、博士（教育学）。現職：白金高輪カウンセリングルーム、こども・思春期メンタルクリニック。臨床心理士、公認心理師。主な関心：精神分析的心理療法、フランス精神分析。

前川由未子（まえかわ・ゆみこ）

名古屋大学大学院教育発達科学研究科卒業。現在：金城学院大学国際情報学部講師、バンコクこころのでんわ、みんなの相談室ボランティアスタッフ。臨床心理士、公認心理師。主な関心：精神分析的心理療法、在留邦人支援、心理教育による予防的アプローチ。

若松亜矢（わかまつ・あや）

産業医科大学医学部医学科卒業。現職：桜クリニック、仁大病院、LUNA大曽根心療科。精神科医、産業医、労働衛生コンサルタント（保健衛生）。主な関心：精神分析的精神療法、力動精神医学、職場のメンタルヘルス。

著　者〔後半：50音順〕

池田暁史（いけだ・あきふみ）

東京大学医学部卒業。現職：大正大学心理社会学部教授、個人開業（東京・恵比寿）。日本精神分析協会会員。著書に『メンタライゼーションを学ぼう』（日本評論社）など。

岡田暁宜（おかだ・あきよし）

名古屋市立大学大学院医学研究科修了。現職：慶應義塾大学環境情報学部教授。日本精神分析協会訓練分析家。共著書に『コロナと精神分析的臨床』（木立の文庫）など。

岡野憲一郎（おかの・けんいちろう）

東京大学医学部卒業。現職：本郷の森診療所院長。京都大学名誉教授。日本精神分析協会訓練分析家。著書に『解離性障害と他者性』（岩崎学術出版社）など。

木部則雄（きべ・のりお）

京都府立医科大学卒業。現職：白百合女子大学人間総合学部教授、こども・思春期メンタルクリニック。著書に『子どものこころの発達と精神分析』（金剛出版）など。

著　者〔前半：50音順〕

川合耕太郎（かわい・こうたろう）

上智大学大学院文学部心理学研究科博士前期課程修了。現職：日本工業大学学生相談室室長。公認心理師、臨床心理士。主な関心領域：精神分析的心理療法。

近藤麻衣（こんどう・まい）

愛知教育大学大学院教育学研究科学校教育臨床専攻修了。現職：三重大学医学部附属病院総合サポートセンター。公認心理師、臨床心理士。主な関心：コンサルテーション・リエゾン、AYA世代がん患者・家族支援、スタッフ支援、死の臨床。

住 貴浩（すみ・たかひろ）

神戸学院大学大学院人間文化学研究科修士課程修了。現職：公益財団法人浅香山病院臨床心理室。臨床心理士、公認心理師。主な関心：精神分析的心理療法。

編 著 者

祖父江典人（そぶえ・のりひと）

東京都立大学人文学部卒業。現職: 名古屋心理療法オフィス主宰。日本精神分析学会認定心理療法士スーパーバイザー。著書に『対象関係論に学ぶ心理療法入門』（誠信書房）、『レクチュア　こころを使う』（木立の文庫）など。主な関心: 日常臨床に活かす精神分析。

細澤 仁（ほそざわ・じん）

神戸大学医学部卒業。現職: フェルマータ・メンタルクリニック院長、アイリス心理相談室代表。著書に『心的外傷の治療技法』（みすず書房）、『実践入門 思春期の心理療法』（岩崎学術出版社）など。主な関心: 美とエロス。

特別寄稿

成田善弘（なりた・よしひろ）

名古屋大学医学部卒業。現職: 成田心理療法研究室室長。日本精神分析学会認定精神療法医スーパーバイザー。著書に『青年期境界例』『精神療法家の仕事』（金剛出版）、『精神療法を学ぶ』（中山書店）、『精神療法家の本棚』（みすず書房）など。

寄り添うことのむずかしさ

こころの援助と「共感」の壁

2023年10月20日　初版第1刷印刷
2023年10月30日　初版第1刷発行

編著者　祖父江典人
　　　　細澤　仁

発行者　津田敏之

発行所　株式会社 木立の文庫
京都市下京区新町通松原下る富永町107-1
telephone 075-585-5277　facsimile 075-320-3664
https://kodachino.co.jp/

造　本　上野かおる
DTP組版　東 浩美
印刷製本　亜細亜印刷株式会社

ISBN 978-4-909862-32-7　C3011

レクチュア こころを使う
日常臨床のための逆転移入門

祖父江典人:著　A5変型判並製240頁　定価2,970円
2022年3月刊　ISBN978-4-909862-24-2

逃げるが勝ちの心得
精神科医がすすめる「うつ卒」と幸せなひきこもりライフ

加藤隆弘:著　四六変型判並製224頁　定価1,980円
2023年7月刊　ISBN978-4-909862-30-3

社会のストレスとこころ
パーソナリティ障害と集団ダイナミクス

手塚千恵子:著　A5変型判並製168頁　定価2,420円
2023年3月刊　ISBN978-4-909862-27-3

第四の耳で聴く
集団精神療法における無意識ダイナミクス

L.ホーウィッツ:著／髙橋哲郎:監修／権 成鉉:監訳
石田淑惠・木村唱子・手塚千恵子・樋口智嘉子:訳　A5判上製408頁
定価4,400円
2021年11月刊　ISBN978-4-909862-22-8

精神分析の再発見
考えることと夢見ること　学ぶことと忘れること

T.H.オグデン:著／藤山直樹:監訳
清野百合・手塚千恵子ほか訳　A5判上製264頁　定価3,960円
2021年10月刊　ISBN978-4-909862-21-1

（価格は税込）